CHINA STONE

华夏基石
管理评论

源于本土实践的管理思想原创基地

华夏基石管理咨询集团　主编

第六十七辑

官方微信

中国财富出版社有限公司

图书在版编目（CIP）数据

华夏基石管理评论. 第六十七辑 / 华夏基石管理咨询集团主编 . — 北京：中国财富出版社有限公司，2023.9

ISBN 978-7-5047-7991-5

Ⅰ . ①华… Ⅱ . ①华… Ⅲ . ①企业管理 Ⅳ . ① F272

中国国家版本馆 CIP 数据核字 (2023) 第 183731 号

| 策划编辑 | 李 晗 李 伟 | 责任编辑 | 邢有涛 张天穹 | 版权编辑 | 李 洋 |
| 责任印制 | 尚立业 | 责任校对 | 孙丽丽 | 责任发行 | 黄旭亮 |

出版发行	中国财富出版社有限公司		
社　　址	北京市丰台区南四环西路 188 号 5 区 20 楼	**邮政编码**	100070
电　　话	010-52227588 转 2098（发行部）		010-52227588 转 321（总编室）
	010-52227566（24 小时读者服务）		010-52227588 转 305（质检部）
网　　址	http://www.cfpress.com.cn	排　　版	《华夏基石管理评论》编辑部
经　　销	新华书店	印　　刷	北京柏力行彩印有限公司
书　　号	ISBN 978-7-5047-7991-5/F·3582		
开　　本	889mm×1194mm　1/16	版　　次	2023 年 9 月第 1 版
印　　张	10.5	印　　次	2023 年 9 月第 1 次印刷
字　　数	154 千字	定　　价	88.00 元

 管理评论
—— 从方法论到行动力 ——

2023年第三辑　总第六十七辑

总编辑：彭剑锋

学术顾问团队（按姓氏笔画排序）

文跃然　包　政　孙健敏　杨　杜　杨伟国　吴春波　张　维
施　炜　黄卫伟

专家作者团队（按姓氏笔画排序）

王祥伍　王智敏　邢　雷　仝怀周　孙　波　孙建恒　李志华
杨德民　何　屹　宋杼宸　张小峰　张文锋　张百舸　陈　明
苗兆光　罗　辑　朋　震　单　敏　荆小娟　饶　征　夏惊鸣
高正贤　郭　伟　郭　星　黄健江　彭剑锋　程绍珊

执行总编：尚艳玲　　　**版式设计：**罗　丹

咨询与合作：010-62557029　　　010-82659965转817
内容交流、转载及合作联系主编：13611264887（微信同）

主办

北京华夏基石企业管理咨询有限公司
China Stone Management Consulting Ltd.

网　　址：www.chnstone.com.cn
地　　址：中国北京市海淀区海淀大街8号中钢国际广场六层（100080）

华夏基石版权所有，未经授权不得转载、改编或用于商业
图片来源：千图网

华夏基石管理咨询集团
China Stone
Management Consulting Group

最懂本土企业的研究型管理咨询机构

彭剑锋

中国人民大学劳动人事学院
教授、博士生导师
华夏基石管理咨询集团董事长

华夏基石领衔专家

施 炜

吴春波

包 政

杨 杜

黄卫伟

孙健敏

管理构筑基石　　咨询智启未来

华夏基石管理咨询集团由中国本土管理咨询业开拓者之一、华为"人大六君子"之一、著名管理咨询专家**彭剑锋**创办。

会聚了近**500位**毕业自国内外知名学府，既具有扎实的专业理论功底，又有丰富实践操作经验的资深顾问。

50多位知名教授学者、中青年专家组成的**智库团队**。

中国企业联合会管理咨询委员会副主任单位；2015—2019年连续五年入选"中国管理咨询机构50大"名单，并蝉联第一；获得"人才发展服务杰出供应商""最具满意度的综合性服务机构""客户信任的管理咨询机构""中国咨询业十大领导品牌"等**多项荣誉称号**。

 华夏基石基于本土企业标杆案例的
八大经典咨询模块

顶层设计
与企业文化建设

01.企业文化诊断
02.企业家思想提炼、管理、应用
03.企业文化大纲（企业文化表达系统）
04.价值观评价标准
05.基于价值观的干部人才体系建设方案
06.企业文化释义集（企业文化释义词典）
07.企业文化案例集
......

企业战略
与成长管理

01.企业的成长阶段界定与经营问题研究诊断报告
02.行业发展与产业分析研究报告
03.企业的战略规划
04.企业产品创新与新业务发展规划
05.企业商业模式创新与行业案例的对标研究
06.资本运作与产业收购兼并策略与方案设计
07.企业成长问题与成长瓶颈诊断分析报告
......

企业变革
与组织能力建设

01.基于战略的组织变革方案设计
02.平台化+分布式的组织模式设计
03.基于价值创造的集团管控模式的选择与设计
04.组织结构设计方案
05.企业决策机制与授权体系设计
06.组织责、权、利、能、廉机制设计
07.团队智慧的打造与轮值CEO制度设计
......

战略人力资源体系建设
与人力资源机制创新

01.基于战略的人才系统设计方案
02.基于能力的人力资源管理体系设计
03.基于战略的绩效与薪酬激励体系设计
04.员工职业通道与任职资格体系设计
05.企业的职位体系与职位管理设计
06.KPI与平衡计分卡的应用设计
07.OKR设计与应用工作坊
......

事业合伙机制
与产业生态构建

01.事业合伙机制顶层结构设计
02.命运共同体（一级合伙人）事业合伙机制
构建方案
03.事业共同体（二级合伙人）事业合伙机制
构建方案
04.利益共同体（三级合伙人）事业合伙机制
构建方案
05.产业链属地事业合伙人模式设计
06.供应商事业合伙人模式设计
07.渠道事业合伙人模式设计
……

营销创新

01. 营销诊断及模式设计
02.1+N全渠道模式升级
03. 精准化营销策略
04. 品牌IP化设计
05."顾客经营"营销模式导入
06. 营销组织平台升级
07. 营销队伍建设
……

集团管控

01.集团战略转型与系统变革方案
02.优化高效的、分层分类的集团化公司治理体
系设计
03.集团领导体制与决策机制设计
04.集团化管控模式选择与混合式管控模式设计
05.总部专业职能的角色定位、专业能力建设与
价值创造方式
……

阿米巴经营：
平台赋能型自主经营体

01.阿米巴经营深度调研分析报告
02.阿米巴经营组织划分报告
03.阿米巴经营组织运行规则手册
04.巴长竞聘机制
05.巴长工程
06.阿米巴经营分权表
07.阿米巴经营核算科目表
……

◎ 我们的荣誉

2020年，华夏基石荣获北京信息化和工业化融合服务联盟颁发的"**智慧管理专委会联席会长单位**"奖

2015—2019 年，华夏基石连续五年入选中国企业联合会发布的"**中国管理咨询机构 50大**"名单，并蝉联第一

我们的荣誉 ◎

华夏基石荣获中国人力资源开发研究会颁发的"2018—2019年度先进会员单位"奖

华夏基石荣获中国人力资源开发研究会颁发的"2016年度中国企业人力资源开发与管理杰出服务商"奖

华夏基石荣获中国人力资源开发研究会颁发的"2014年度中国人力资源开发与管理最优服务商"奖

华夏基石荣获中国人力资源开发研究会颁发的"2013年度最具满意度的综合性服务机构"奖

2016—2018年，华夏基石连续三年荣获ICMCI（国际管理咨询协会理事会）颁发的年度"君士坦丁奖"

2016年，华夏基石荣获中国人力资源开发研究会颁发的"2016年度人才发展服务杰出供应商"奖

2013年，华夏基石荣获中国企业联合会管理咨询委员会颁发的"2013年中国管理咨询优秀案例一等奖"

2009年，华夏基石荣获中国企业联合会管理咨询委员会颁发的"中国管理咨询机构20佳"奖

华夏基石荣获第二届中国品牌节组委会颁发的"2007—2008年度中国咨询业十大领导品牌"奖

华夏基石荣获中国企业评价协会颁发的"2006—2007年第二届中国人力资源管理大奖服务金奖"

2007年，华夏基石荣获中国企业联合会管理咨询委员会颁发的"客户信任的管理咨询机构"奖

携手同行 共创辉煌

咨询与市场服务：

010-62557029   400-0079-000

官方网站：http://www.chnstone.com.cn

目录
CONTENTS

专题

不败之道：变动时代的中国企业经营新思维 P₂

训战

从客户价值到员工行为的四级战略解码系统
——从战略解码方法论溯源谈起 徐继军 P₄₂

案例

下一个时代的人力资源管理
——解析保利集团人力资本管理探索实践

视野

做一个时代的企业，但不依赖于时代

阅读

斯隆主义消亡后

专题
CHINA STONE ▶▶

　　企业如何面对现实的困难？我认为第一还是要考虑机会在哪儿。我不太赞同"现在不是增长期"这样的观点，增长是永恒的话题，哪怕你衰退得比别人慢也是增长，所以企业战略永远要思考机会在哪儿。

——夏惊鸣

不败之道：变动时代的
中国企业经营新思维
华夏基石3+1论坛第44期活动

以长期主义价值主张与高质量发展追求，呼唤企业家精神与认知革命，
用经营新思维探索中国企业新成长之道

研讨嘉宾（按发言顺序）

P5

徐继军 华夏基石管理咨询集团副总裁、高级合伙人，华沣管理研究院院长
越是变动时代，越要洞悉商业规律，越要设法赢得客户

P13

苗兆光 华夏基石管理咨询集团副总裁、首席专家（线上）
经营的要义：生生不息，而非一味扩张

P18

夏惊鸣 华夏基石管理咨询集团副总裁、首席专家（线上）
机会永远是困局的解药

P29

彭剑锋 华夏基石管理咨询集团董事长，中国人民大学劳动人事学院教授、博士生导师
不是现在太困难，而是过去太容易
——不真正进行认知革命，抓不住数智化的大机遇

策划/主持/文字

尚艳玲 《华夏基石管理评论》执行总编、企业文化案例研究及著作咨询顾问

◆ ▶ 开场语

尚艳玲：记得今年年初召开"3+1"论坛时，彭剑锋老师一直在强调当前信念最重要，信心最重要。我是很赞同的，我们这个论坛活动坚持了近十年，在各位老师无偿的长期参与、积极思考下，在编辑的用心策划和整理下，产生了累计100多万字的原创文章。这就是信念的作用，我们大家都是抱着这样一种信念：作为一家研究型咨询公司，华夏基石有责任为中国企业管理提供原创性的管理见解和方法论，为中国企业管理理论大厦的构建作出华夏基石的贡献。

总第44次活动主题的初衷是，在坚定看好中国未来这样一种信念下，谈点宏观性的话题，变动时代中国企业如何立于不败之道，如何构建经营新思维，迈向新成长、新发展？

苗兆光老师讲，这样一个时代，需要我们时时刻刻保持对变动环境的观察。现在已经到了下半年，我看到一些数据，上半年至6月，整体数据还是可观的，GDP同比增长了6.3%，但有经济学者指出，下半年压力很大，因为现在经济被三大块儿拖累着，一块儿是房地产，一块儿是外需疲软，一块儿是消费不振，这是总的一个情况。年初以来，中央也在出台稳增长、促经济的一系列政策"组合拳"，比如2023年7月19日发布的《中共中央　国务院关于促进民营经济发展壮大的意见》，提出了促进民营经济发展壮大，保护和弘扬企业家精神的31条意见（简称"31条意见"），引起了企业界人士广泛的关注和讨论。

今天的主题有两个关键词："变动时代"和"不败之道"。变动，是相对于变革、变局来讲的。变革似乎更多是主观上促成某事发生的意思；变局似乎也是某种不可控但有预谋的"一盘大棋"；而变动，是更中性的一个词，它可能是有预谋的，也可能是无法预想的，它也无所谓是好是坏。很多人都有一种感受，就是今天发生在周边的各种变动似乎更频繁了，更加猝不及防了。那怎么理解这个变动的时代，希望能听听老师们理性的分析。

"不败之道",我是受到了肖知兴博士一篇文章的启发,肖博士提出企业家要从过去思考如何"战胜",转向思考如何不败,他从哲学意义上提出两者的不同,如战胜之道是重增长、重规模、重有为,而不败之道是重质量、重战略、重不为。

当然这种提法如果用彭老师推崇的量子思维来看的话,有可能是一个"伪命题",因为上述几组概念本质上不存在冲突,而是纠缠的或"不二"的关系。

如果这个命题不真,那么在当下的经营管理实践中,企业该如何保持对环境的洞察与判断,又该如何平衡一系列矛盾,如保守和进取,质量和增长,有为和不为,面向未来,如何形成一套新的经营思维和新的理念系统?为了相对聚焦,我暂拟了4个参考议题,抛砖引玉。

参考议题:

1. 上半年的经营环境变动与近期国家对民营经济的政策;

2. 从历史与国际视角看,企业家和企业应当如何作为;

3. 从经营视角看,企业有哪些需要刷新的思维和可以采取的行动;

4. 从能力方面看,企业当前最需要进行哪些能力构建。🏠

越是变动时代，越要洞悉商业规律，越要设法赢得客户

■ 作者 | 徐继军

2018 年和 2019 年的时候，因为需要给一些企业讲课，我对当时很多经济现象和数据作了比较系统的梳理和研究，后续给企业提供战略咨询的过程中，也继续做了研究，下面谈一下我的看法。

一、什么是变动时代，有哪些特征

怎么定义变动时代？变动时代到底是一个什么样的时代？我们首先还是要把它看清楚，否则的话，谈其他东西都是无本之木。我认为要从两个角度结合着看，才能看清楚：一个角度是世界角度，另一个角度是中国角度。而且，从这两个角度看到的结果可能会很不一样。

（一）从世界角度看，大潮流并没有变化

为什么这么讲？因为现在依然处在全球化的浪潮之中。这个浪潮的起始点，实际上从 15 世纪至 17 世纪的大航海时代，也就是从地理大发现的时代开始的，一直没停。全球一直处在融合的过程之中。我们把这个过程叫全球化过程。

大航海时代的主题，实际上是寻找贸易路线和贸易伙伴来发展欧洲资本主义经济。到了 18 世纪末、19 世纪初，在经济学领域有两个非常重要的里程碑式的事件，为全球化浪潮的推进奠定了扎实的经济学理论基础。第一个是 1776 年亚当·斯密

的《国富论》问世了，它论证了专业分工的重要性；第二个是在1817 年，由英国古典经济学家大卫·李嘉图提出了"比较优势理论"。比较优势理论我认为是非常了不起的经济学理论。它的横空出世，严谨地证明了合作确实能让双方都受益。我认为这些古典经济学理论，为后来的全球化奠定了扎实的理论基础。

从 1945 年第二次世界大战结束开始，和平与发展就成为世界的两大主题。虽然局部战争依然存在，但是世界性的大战没有了，国家的边界线基本稳定下来了，建立起了相对稳定的国际秩序，全球进入大发展阶段，全球化浪潮进入新一轮高潮，比地理大发现时代要猛得多。

到了 20 世纪 90 年代，互联网发展起来了，全球化浪潮进入新阶段，信息互通、世界互联比过往任何时候都要紧密。

所谓的变动时代，实际上是中国在全球化浪潮中的状态发生了变动。

所以说，从世界角度看，这几百年的全球化浪潮是一浪高过一浪地往前推，这个势头并没有结束，也没有大的改变。

（二）从中国角度看，则是另外一个场景

在 15 世纪至 17 世纪，欧洲在搞地理大发现的时候，中国处于明清时期，相对于那些开放的海洋国家，中国是属于比较保守的大陆国家。

清华大学历史系朱育和教授对中国近代史有一个划分框架，我觉得特别好。他说，中国的近代史包括了主动封闭、被动开放、被动封闭、主动开放四个阶段。主动封闭阶段，是明清时期一直到 1840 年鸦片战争，别人在搞全球化，明清政府在搞闭关锁国，直到 1840 年鸦片战争，国门被打开了。被动开放阶段，大约是 1840 年鸦片战争之后一直到 1950 年抗美援朝，110 年左右。被动封闭阶段是 1950 年之后，美苏对抗两极格局中，我们属于苏联为首的社会主义阵营，被西方封闭了，后来我们和苏

联的关系搞得又比较紧张，属于被动封闭的状态，一直持续到 1978 年年底，大约 30 年的时间。主动开放阶段是从 1978 年党的十一届三中全会开始，到现在 40 多年。

虽然整个全球化浪潮已经持续了 500 多年，但是中国参与其中也就 100 多年，我们最熟悉的是 1978 年到现在的这一波，尤其是 2001 年加入 WTO 的这一波。

我们今天讨论所谓的变动时代，实际上是中国在全球化浪潮中的状态发生了变动。也就是说，全世界大的趋势并没有剧烈的变化，但是与中国相关的格局和结构发生了明显的变化。中国跟这一轮全球化"领头羊"美国之间的关系是其中一个重大的变量，中美之间的关系不再那么"融洽"了，发生了明显的改变。而这场改变我认为从 2017 年左右就已经开始了。

（三）2018 年是一个拐点

因为工作需要，我做过一些梳理和研究，并且专门记录过一些当时比较重要的信息数字。2015 年至 2017 年，中国推动供给侧结构性改革，去产能、去库存、去杠杆、降成本、补短板，结果那一轮迎来了涨价去库存，房地产价格狠狠地涨了一把。2017 年 10 月，马云在当时的一场演讲中有一个观点，他说 2018 年中国将迎来 30 年来最恐怖的失业潮和企业倒闭潮，当时很多人还没有意识到这个问题。2018 年时出现很多热词，比如"P2P 暴雷""基金难民""债务违约潮""民营企业倒闭潮""农民回乡创业"等等。我查了当时记录的几条新闻，比如《北京日报》有一篇报道，北京上半年关停 473 家一般制造企业；人民网 2018 年 7 月报道，返乡创业人数初步统计达到了 740 万。什么叫返乡创业？我理解就是人们在城市里找不到工作了。

网易新闻 2018 年 10 月 20 日报道，上半年国内 504 万家企业倒闭，失业人数超过 200 万。当时的统计数据中，2018 年 10 月、11 月财政收入和税收收入同比出现负增长，而且规模以上制造企业，也就是收入 2000 万元以上的工业企业相比 2017 年年底消失了近 1 万家，大约 2.4% 的企业没有了。而规模以上制造企业我认为是国家的经济支柱。

企业里面也有很多异常现象，比如：浙江金盾集团董事长坠楼了；浙江盾安集团破产了，而且它下面有两家上市公司；作为 2016 年的山东首富企业，山东晨曦集团在 2018 年破产了；渤海钢铁是世界 500 强企业，那年也破产了；汇源果汁、华谊兄弟这样的明星企业那年也陷入债务危机；等等，还有很多相关的数据。

我做过一个简单的数据整理，2018 年当年的企业信用违约数量大约是 2017 年的 4 倍，非国有企业债券违约数量大约是 2017 年的 5 倍。2018 年还出现了少有的债务违约潮，上市公司老板易主 124 家，也创下了历史纪录。为什么会这样？我认为最重要的原因，应该是因为 2018 年中美贸易战开打。2018 年 3 月 22 日，特朗普签了总统备忘录，美国宣布对从中国进口的商品大规模征收关税，涉及征税的商品规模可达 600 亿美元。当年 12 月，中美两国就该问题没谈拢。2019 年 5 月，美国将对 2000 亿美元中国输美商品加征的关税从 10% 调到 25%。而当时企业、家庭的债务水平已经很高了，这给很多企业和家庭造成了打击。

以上这些，是 2018 年、2019 年最主要的经济变化。如果从全球化浪潮这个大的历史格局来看，我们跟"领头羊"美国之间已经开始干架了，中美贸易战开打，我们的很多经济数据变差了。到 2020 年年初，新冠疫情暴发了，后面的事情大家都很清楚了。

（四）全球化浪潮出现了结构化调整

从这一波浪潮来看，如果从 20 世纪 80 年代算起，改革开放 40 多年来，中国最大的变化是融入全球化浪潮，融入全球经济体系，我们成了世界工厂。世界工厂是什么意思？我们是世界上很多商品供应链的保障方。但是，这几年疫情造成的最大影响，我认为是中国供应链变得不稳定了。原来很多人都以为，疫情结束后经济又可以恢复到疫情前，但是现在的数据显示，预期完全没有实现。为什么？是因为格局变了，不光是因为疫情不能消费，不能行动，还因为整个经济格局发生了改变，中国作为世界工厂的地位发生了变化。

《经济观察报》有篇文章里写道，从 2022 年 3 月起，美元进入本轮加息周期。美元为什么要加息？从经济学常识看就知道，经济过热了，发展太快了，要控制了，所以才会加息。也就是说，从 2022 年的年初美国已经开始在控制经济发展速度了。我又查了一些数据，包括印度、越南、日本、墨西哥、英国、美国、新加坡等国家 2021 年的增长率和 2022 年的增长率，好几个国家都出现了近 10 年，甚至近 20 年未出现过的高增长率。2022 年，印度是 7%，越南是 8%，甚至日本都出现了正增长，说明它们的经济都在快速复苏。这些都有很具体的数据。

这些数据证明了一点，**所谓变动时代，只不过是全球化浪潮一个阶段性的波动，从全世界和中国两个角度看的感受是很不一样的。**

从中国国内来讲，我们几个大的经济变量造成的压力，我认为非常严峻。一是债务压力。无论是政府、企业，还是家庭，债务压力都非常大，政府债务加上城投公司债务，大约有 90 万亿元。最典型的现象，就是恒大、碧桂园、融创这些头部巨型房地产公司出现了债务危机。二是人口问题。人口问题现在已经逐渐明朗了，大家都可以谈了，但是人口问题的严重程度，随便看一些专家的分析就能知道一二，这已经是没法回避的问题了。三是出口问题。有一种说法，中国的经济是"两头在外"，客户主要在外面，原料也需要大量进口。美国就是我们的大客户，做企业的都知道，跟大客户之间的关系搞得不好会很麻烦。另外，2022 年年初，俄乌冲突爆发，使国际环境变得愈加复杂。整体形势的问题，从两方面数据也能大概看出来，2023 年 7 月贷款额度大幅下降，出口额也有明显下降，而债务问题已经非常紧迫。

我们现在可以这样认识变动时代，首先，在全球化浪潮过程中，出现了一些不和谐，全球化浪潮中与中国相关的部分出

> " 全球化浪潮中与中国相关的部分出现了明显的结构化调整，出现了全球产业链的大调整。 "

现了明显的结构化调整，出现了全球产业链的大调整。其次，债务、人口等大的影响要素出现了趋势性的变化，这个趋势已经形成了，短期内确实很难解决。这是我对变动时代的理解。

二、在变动时代企业家该怎么思考

这几年，我给企业做战略咨询，发现碰到的企业中，大多数国企、民企都不太容易。我觉得，越是这个时候越要保持足够的理性。

（一）基本规律没发生变化

从经济和管理角度把周期拉长一些看，你就会发现这没有什么大不了的。为什么？经济规律依然没变，商业规律也没有发生改变，只是边界条件变了，所以应对策略要变。企业生存和发展的基础依然是赢得客户，在竞争中能够胜出。对企业来讲还是要想尽办法赢得客户。好的时候要赢得客户，不好的时候也要赢得客户。没有客户，企业就死掉了，客户量不够公司就破产了。

（二）供过于求、需求收缩阶段先看赛道

我们可以把改革开放这40多年划分为三个阶段。

第一个阶段是供不应求、供需双涨的阶段。这个时候，企业做产品做服务、做经营做管理，过得去就行。

第二个阶段是供过于求、供需双涨的阶段。虽然供给很充足，超过了需求，但是需求还在不断增长，供给也在不断增长，机会还是在不断地涌现出来。这个时候企业不够好会出局，足够好依然可以过得很好，相对来讲，绝大多数企业活得还不错，对未来还是充满憧憬。

第三个阶段是供过于求、需求收缩的阶段。这个时候情况就变化了，竞争会更加残酷，因为机会变少了。原来需求很大，可能做到行业前百分之六七十就能活，现在调个儿了，需求在不断萎缩，你做不到前百分之三四十，就完蛋了，就活不了了。如果需求还在萎缩，那就更麻烦了。一旦需求萎缩，大家对未来经济不看好，都不愿意扛风险、不愿意负债、不愿意融资，

企业将面临的更可怕的结果是，有些原来为消费升级作出准备的产业、非刚性的产业，日子就很难过，甚至可能会面临灭顶之灾。因为原来做战略规划的时候，整体的判断是未来一定会更好，但是一旦原来预期的需求没了，这就属于大的结构性的调整，属于系统风险，一旦来了谁也没办法。

我现在看好的是食品、农业、医药这些行业，这些东西基本属于刚性，是再没钱都要优先保证的。太"阳春白雪"的产业，离刚性太远的产业受到的冲击就很大。这个时候对企业家来讲，要做出冷静和理性的判断，如果自己这个赛道还不错，还有成长空间，企业就要想尽办法把自己做得更好，只要坚持下去就可以。如果赛道确实不对，那就要做出系统性的应对措施。要认识到，困难有可能是一个很长的阶段，应该是以十年作为量级，不是一两年就能过去的。所以，对企业家而言，不要认为顶一两年就会过去。

企业肯定要看赛道，看方向，形成比较好的竞争态势。所谓竞争力就是赢得客户，看客户需要什么。按照哈佛商学院著名教授克莱顿·克里斯坦森的观点，所有市场都包括四个客户：高端客户、主流客户、非主流客户、非客户。我们看清楚细分赛道，看看我们选择的这个主赛道到底有没有空间。如果有空间，就想尽办法降低成本、提高效率、稳定质量，让自己坚持活下去。如果赛道不行，也不必沮丧。商业机会生生不息，哪怕战争年代都有商业机会。这个时候，对企业而言，就是要重新定义自己的赛道。

（三）企业家首先要解决的是提高认知水平问题

在这个过程中，对于企业家的要求是什么？观察一下，过去我们老说造导弹的不如卖茶叶蛋的，知识分子干不过农民企业家，没读过几天书做企业都做得很好。现在再看看这些优秀企业家，有哪个不是学霸？有哪个学历低？**企业家的能力架构，实际上已经发生了结构性的变化。**

为什么会有这样的结构性变化？很简单，过去机会多，胆子大、跑得快就行，那些读书人受到限制，胆子没那么大，在创业致富这条路上就落后了。现在不是了，整个企业家群体的能力架构发生了结构性的改变。现在企业家首先要解决的是认知水平问题，得看明白经济大势，得知道战略选择的关键点在哪儿，得知道如何提高效率、打出竞争力，这是一个系统性的东西。思维水平不行的，完全凭激情、凭胆子的，凭一招制敌的，最后没有赢的可能了。这个时候读书少的人，认知水平低的人，视野狭窄的人，自以为是的人，就会被历史淘汰。可以理解为，当下的经济环境就是一次淘汰和出清。

我们想一下，即便是日本平成时代，即便是美国大萧条时代，也不是所有企业都倒下了，还是有很多企业活了下来，有一些人或者企业在这个过程中还能发家致富、发展起来。所以说，现在依然有可为，任何时代都可以大有作为。比如，日本很多企业都活了几百年甚至上千年，经历了多少战争，经历了多少波动，不也活下来了吗？所以我们要学习的是怎么活下去。

这个时代对认知水平的要求，比以往任何时候都要高。浅滩暗礁很多，不能稀里糊涂做决策，一定要看得准、下手狠。而且，企业家要清楚地认识到竞争的残酷，而企业资源能力的稀缺性，一定要聚焦发力，力出一孔，要做就要做到足够好。这个时候再去粗线条地捕捉所谓的"大机会"，死路一条。

（四）以终为始，围绕效能提升能力

从能力角度来讲，要围绕效能提升来推动能力建设，而且要以终为始。资源占用本身是有成本的。要把事情做好，就要把做事的流程厘清，围绕效能目标即所谓的成本、效率、质量、目标，倒推工作中的关键发力点，把有限的资源用好，尽可能把这条赛道，把这个1米宽的地方挖到1万米深，做到极致，让自己活下来。

此外，供给严重过剩的情况下，也不是说就完全没有成长机会。机会依然有。为什么？因为过剩是普遍现象了，过剩意味着很多行业的资源成本很低了，只要商业模式到位，就可以低成本整合资源。这个时候假如认知水平不够，还在捕捉"大机会"，还在说那个方向很好、这个方向很好，一下子扎进去，估计会被人吃得连骨头都不剩。所以说，提升企业家的认知水平非常重要，围绕真正的发展发力点，构建自己的能力体系才有可能胜出。🔲

经营的要义：
生生不息，而非一味扩张

■ 作者｜苗兆光

一、所谓不确定，只是因为我们内心不愿接受已经发生的变化

过去几年中我们谈经营环境，一直用"不确定""动荡""看不清"这样的词语来形容，无论是对中美竞争，还是对疫情影响、政经政策，都是如此。基于这种判断，我们建议企业采取的经营策略是保守、刷新、低调，应该说是合适的。当你对环境无法判断的时候，最佳应对策略只能是保守，守住核心。

但是现在，如果我们仍然用"不确定""动荡""看不清"来形容，就不合适了。现在的经营环境已经很清楚，趋势也已经逐渐明朗，如果很多人仍然看不清，其实只是心里不愿意接受而已。

时代已经发生了不可逆的变化，认为环境不确定、动荡，本质上是我们内心不接受这种变化，因为现在的环境跟过去几十年来我们认识的世界是反向运行的。

徐继军老师说，现在的国际环境是撕裂的：世界一个状态，我们国家一个状态。但是世界怎么可能不包括我们国家呢？如果西方是开放的，他们也不应该孤立我们。一个开放的人就不应该孤立另一个人。在几十年前，我们不开放的时候，西方一直想方设法促进我们开放，比如用香港的自由港为我们保留一扇门，等我们一搞改革开放，他们一下子就涌进来了；而现在即便我们打开国门，西方也还是要控制风险，采取保留观望措施。所以不是说西方没有变、只是我们变了，实际上是整个世界都变了。

我们应该如何理解这些改变？至少有几个已经发生的事实我们必须正视：首先，当今世界已经不是我们过去认识的全球

化了，而是撕裂化，根据政治的阵营撕裂了。其次，过去若干年市场化是趋势，对内放开，对外开放，60后、70后的人对此是有体验的，从20世纪80年代我们的国家一路按照市场化改过来，市场经济越来越充分，法治化越来越坚定。现在需要重新认识，有一种趋势是国有化了，国资对很多行业的介入都开始扩大了，包括新能源、教育行业、医疗行业。再次，原来一直在鼓励依靠自己的劳动致富，尤其是鼓励一部分人先富起来，但是现在的主旋律是共同富裕。还有，过去个体的空间一直是扩大的趋势，现在看个体的空间会逐步收窄，更多地表现为以大局为重、国家为重、集体为重。

诸如此类，**环境已经发生了很难逆转的变化，而且会继续逆向变化。目前我们正在经历的、正在面对的，已经是确定的了，这就是我们正在经历的时代。**

二、每个人，都需要重新定义自己的一生

在这个确定的时代，无论个人，还是企业，都需要做出改变，重新定义自己。不幸福的人生是悲惨的，人生最大的不幸是你的价值观跟社会的趋势不匹配了，跟社会的趋势不一致了，你会变得很痛苦，很郁闷，很焦虑。同样的，当企业跟社会的趋势不一致了，企业会变得很拧巴。我们在这个时候如何去重新定义个人的意义、生活的意义？怎样重新定义企业？怎样重新定义企业经营的意义？这是当今个人和企业面临的一个问题。

那么个人的人生要怎么调整？我理解的，我们过去若干年的自信心不仅仅体现在国家上，也体现在个人身上。我们在过去若干年被灌输的人生观是追求大成，干一点小满的事情都不够，一定要做大事，成就大事业。个人没点家国情怀，就是没追求。

而现在，正在发生的事实让我们不得不接受，个人之于国家，力量是多么的渺小。唯有从追求大成变成追求小满，在一个领域里能够持续慢慢磨，一把豆一把豆地添，磨出来好豆腐，人生的意义才有可能真实存在。家国情怀不是不要了，

只是不要太浓。过去个人的家国情怀很大，把个人的命运跟国家的命运绑在一起，其实在国家的历史长河当中个人是非常渺小的。我们可能要从家国情怀的大成转向服务于目之可及的身边人的"小成"。

我也认真想过，对于我们做管理顾问的人来讲，全部的职业生涯中，能服务几个客户？20个客户够不够？你的专业服务于他了，对他有价值了，对企业有价值了，你获得了尊重，你获得的人生成就就已经足够了，你为什么要去获得那些不认识的人的认可？我们的人生价值其实是服务于目之可及的人；我们的人生态度不应该是寻求波澜壮阔，而应该是寻找实实在在的体验。

有一本书叫《心流》，写得特别好。作者讲，文人、哲学家一般都不高寿。为什么？他在写作或思考的时候，体验并不好，他经过漫长的痛苦过程写出一部书，当成就来临的时候，他的痛苦已经把他折磨得够呛了，所以成就的体验感是短暂的，痛苦的体验感才是漫长的。真正可能高寿的是什么人？可能是那些手艺人，那些有专业技能的人。比如打篮球，一个动作球进了，观众欢呼，直接就给你带来一个积极的反馈、良好的体验，这种人是容易带来心流体验的，他的幸福感是很高的。我个人的巅峰体验很多时候发生在课堂上，讲着讲着就进入一种状态，好像空间和时间都不存在了，感觉不到累，只留下愉悦和忘我。

> **环境不可逆的发生了变化，目前我们正在经历的、正在面对的，它就是确定的了，这就是我们正经历的时代。**

我们如果不去体验当下的每个瞬间，每个小成、小满，一心只求大求好，很容易就会活在痛苦当中。记得在疫情期间，大家很焦虑、害怕的时候，有一位上海的教授，说智慧的人生要乐天知命。所谓"乐天"就是你知道这个社会的发展规律，知道大势所趋，知道一些事情的状态是不正常的，你也知道它的最终命运，作为个人来讲，你不必跟它对抗，不必跟它纠结，因为你的人生有限，你总是要做一些有价值的事情。因为你懂天道了，所以你能达观，因为你看得明白，所以你乐观。

三、每个企业，都需要重新定义经营的意义

前面我讲的是个人，其实企业也需要调整心态和定位。过去若干年，中国的企业就跟企业家个人性格是一样的，追求大，每个企业家本质上都有一个帝国梦。过去若干年，你要不谈大，你的逻辑不指向大；你不谈快速增长，不指向扩张，不主张打胜仗，就没有人欢迎你。所以很多企业写的使命愿景、价值观都是第一、最大、最强，要么是世界第一，要么是行业最大、最强，**这种逻辑意味着社会要给你足够的空间、足够的机会、足够的资源、足够的自由度，这个梦想才可能实现。**

但是现在看来，这个逻辑是值得推敲的。前两天看到一个新闻，曾经要收购万科，被称为"野蛮人"的姚振华，他带领的宝能集团曾经是多么豪情万丈，现在企业暴雷了，3亿股权被冻结，因为欠薪被员工围攻，他在自己公司楼下被员工把眼镜都打掉了。那些年野蛮成长得有多快，现在倒下得就有多快。这是宏观趋势上的一个变动，就是发展的逻辑变了。

另外，从经济本身的发展趋势来看，过去若干年中国面临的机会都是建设性机会。什么叫建设性机会？比如说以前我们的老百姓都没有房，后来都要有房，以前都没有车后来都要有车，原本的医疗机构没有健全的治疗功能，比如说乡镇医院没有化验功能，它都要建，建的过程中市场空间是巨大的。比如说没有高铁，我们要建高铁；很多城市都没有地铁，我们要建地铁……面临的建设性机会很大，企业的增长空间也是巨大的。到了现在，建设性周期结束了，大家都有房子了，都有车了，医疗基础设施建满了，**这个时候就从建设性机会变成了功能性维护的机会。**

从建设性周期到功能性维护周期的转变，出现比如说房子如何装修、物业如何运营、如何结构性调整等问题。地产商首先遭遇了这个逻辑转变，但他们仍然在按照过去的建设性逻辑配置资源，大规模建设，先囤地，等着地升值再盖楼、售楼，

而当潮水彻底退去，建设性机会已经没有了的时候，资金已经支付出去了，地卖不出去了，房产的价格降低了，所以地产商就出现了资债风险。

其实不仅仅是地产商，每个行业都是这样的，我们之所以看好新能源，是因为新能源仍然处于建设期，别的大部分行业都进入功能维护期，新能源汽车是利用破坏性创新，在摧毁油车的过程中迎来了一个新的建设期。但是这个变化其实是经济本身的变化。如果趋势没有变化，经济本身的变化对我们影响也很大。对企业来讲，仍然面临着一个很大的转型。

前面我谈的人生观与企业价值观的调整、经营思想的调整存在一致性。我认为，**企业的主要经营使命应该从增长转为生长。**

什么叫增长？原来增长是在规模上强调扩张，在地盘上扩张。什么叫生长？生长强调在任何环境当中你都有顽强的生存能力。如果有机会，就能像森林里的一棵树，一开始上面的大树长得满满的，小树在下面长不起来，它得一直等着。突然有一天刮风下雨了，一棵大树倒了，旁边的小树等到了这个机会迅速长起来，这叫有生长力。生长力是环境不好的时候你活着，环境好的时候你能疯长，这叫生长力。

企业围绕着生长力调整的时候怎么建设组织能力？

第一个是从竞争导向转向客户导向。我们跟客户关系越紧密，其实就意味着像一棵大树一样扎根越深。打胜仗是基于竞争逻辑，我们不能用打胜仗的思维去面对客户，而应该用跟客户建立紧密关系的思想，把竞争当成一种干扰变量，而不是当主要的战略驱动变量。

第二个是我们由大开大合的扩张、机会驱动，转向围绕着客户价值去精准地实现能力。这个内容之前我们也说了很多，比如提高管理水平，提高运营能力，有效地使用资源实现客户价值的能力，等等，这些都是生长力的概念。🔲

机会永远是困局的解药

■ 作者 | 夏惊鸣

对中国企业而言，当前的确面临困局，困局中今年是尤其困难的一年。但是，机会永远是困局的解药！这是我的一个总的观点。下面我分析一下，大家就能理解我这个观点。

一、困局——透支，购买力受损、供应链能力受损

尽管大家通常所说困局的原因是"三期"叠加：增长速度换挡期、结构调整阵痛期、前期刺激政策消化期，我认为现在困局的真正原因就是两个：一个就是长期透支；另一个就是美国对中国的打压。

中国经济发展面临的困难，我认为从底层逻辑看，是长期透支导致的。房地产行业透支，过去很多投资也是在透支繁荣，未来有很多投资项目都会"裸泳"，包括地方政府的投融资平台。比如，20世纪90年代我们搞基础建设，修一条高速公路，建一个收费站，没几年投资就收回来了，你现在再修公路、建收费站，可能十几年、几十年都收不回来成本。

透支的结果就是产出不能覆盖投入，最终进入负循环，表现出来就是债务规模不断增长。

美国对中国的打压对我们的影响不言而喻，但这也让我们清晰认识到应对美国的打压，中国的主要抓手是什么。

这就不得不讲讲去年的疫情管控，现在实体经济困难的一个隐性因素，是一些地方的疫情过度管控措施对实体经济造成的伤害，这种伤害当时是被低估了的，现在则显现得很清楚。一方面，过度管控带来了经济正常运转的"阻断"，阻断了投入产出的正常闭环，一系列问题就出现了；另一方面，过度管控，削弱了我们在中美间国家竞争的核心竞争力——购买力和供应链能力，尤其是购买力。

大家想一想，我们和美国竞争到底靠什么？我们没有什么可以卡别人的脖子，现在也就是一个稀土。但美国可以卡我们脖子的地方有很多，但为什么到现在大家还是斗而不破？就是因为我们有"购买力和供应链能力，尤其是购买力"的竞争力。

所有市场里面的玩家，包括美国的公司在内的所有商业结构，固定资产的投资、研发投入、人员的配置都是基于未来市场的需求，没有了市场需求，固定投资就得不到充足的利用，人员就会过剩。另外，公司要正常运转，离不开供应链的支持，这也是一个显而易见的道理。

中国具有巨人的市场需求空间，如果美国政府"卡脖子"卡得太狠，他们自己也会很难受，因为我们的购买力是他们很多企业的固定资产投资和人才、研发投入未来变现的一个非常重要的市场。这一点可以从美国这几年对中国的政策逻辑里看出来，扼制中国发展的总策略没变，但在措施上还是有些投鼠忌器，比如一方面出台高额关税、禁止出口等限制政策，另一方面又有一些豁免政策，等等。

认识到一定时间内，"购买力和供应链能力，尤其是购买力"，是我们在中美国家竞争的核心竞争力，那么保护经济增长不仅仅是我们的美好生活需要，也是提升"购买力"，最终抵住美国的打压，真正成为一个强国的抓手。

这是回应主持人提出来的第一个话题，即怎么看待当前的形势，我认为当前经济发展困难的三个关键状况：第一是透支严重；第二是购买力——消费者购买力、政府购买力都受到严重的损害；第三是供应链竞争优势也受到了伤害，这又直接反映到出口方面。

以上是我个人对现在困难的认知。

二、"近忧"不短——透支不是短时间能被消化的

消化透支和美国打压不是短期的问题，因此，困难也具有长期性。

怎么消化透支？无非两点：第一是把泡沫戳破，经济危机出现，然后出清，大家归零，重新再来，这样就把它消化了。

第二是这个"泡"先捂着，不断有新的增长点出来，使原来的透支进入一个新的经济增长结构里面，慢慢地它又变得平衡了。比如说房价，现在看起来是透支的，但如果社会有新的增长点，大家的工资水平在不断地增长，房价的透支就会逐渐被消化掉。

第一种戳破泡沫的方式，可能会出现经济危机，代价极大。第二种消化方法，在消化的过程中，如果没有足够的有效增长点也很难消化过去的透支。尽管有很多新的增长点，如政府投资也是为了制造增长点，但有很多投资在制造新增长点的同时又产生了新的透支、新的泡沫。

所以我的判断是，**透支不是短时间能被消化的。**

而美国对中国的打压原来被认为是最大的不确定性因素，现在可以说已经是最大的确定性因素。境内外大企业的动向正是基于对中美之间竞争已是常态的判断来

成为一个真正的强国，必须在时代性技术、引擎型产业上形成全球领先的竞争力。

布局供应链，这就给中国企业的经营带来了很大的问题。为什么这几年供应链转移那么快？并不是中国的供应链没有优势了，而是中美竞争带来了对供应链安全的恐惧，无论是中国企业还是海外企业都在全球化布局，都在转移。

中国要抵抗住美国打压，成为一个真正的强国，必须在时代性技术（反映在底层技术和基础性装备、材料等产业上）、引擎型产业（带动作用大，比如汽车产业）上形成全球领先的竞争力。如果不能实现这个目标，我们就没到胜利时刻。

我们简单回顾一下日本的情况，日本之所以变得强大，始于"二战"之后美国支持日本，支持欧洲，所以它们的经济规模上来了，但是日本能够真正成为强国，是因为它在时代性技术如机械、内燃机、电气等，在引擎型产业如汽车和基础性装备、材料产业均赢得了全球竞争优势，处于全球领先地位，具有全球领先的技术竞争力。引擎型大产业和基础性产业有个规律，就是最终会进入寡头垄断，比如燃油汽车，经历了100多年的

竞争、发展，最终花落谁家？美国两家，德国两家，日本两家。

同样，韩国之所以起来，是因为抓住了电子和半导体这两个引擎产业。以前我们经常讲制造强国，大家把新制造理解成了智能化、数字化，其实新制造还有一个重要含义，是在新兴产业上，一定要在技术上、产业链上做到全球领先，这是我们在未来走向强国的必由之路，也是中美竞争能够尘埃落定的决定因素。

我们现在是什么状况呢？

在ICT领域，我们本来实现全球领先了，但美国的打压来了。我之前说过：美国打压华为，打的不是华为，打的是华为5G技术；打的也不是5G技术，而是5G将会带来的社会、产业的革命。从我们的生活场景来说，5G、6G实现之后，家里的电视、手机会改变，电影院会改变，会议室、教室会改变……还有工业的许多场景也会改变，所以它会带来产业和社会的巨大变化，是引擎。

ICT领域还有一个重要特点，那就是网络效应。比如说底层技术架构一确定，整个产业都要跟这种协议标准配套，一旦很多人用了这个技术标准，就会有越来越多的人用这个技术标准，你不用就没办法和其他设备对接。因为有了网络效应，这个壁垒就非常高。你看电脑是以英特尔芯片和微软操作系统为核心，其他人就都是这个标准体系里面的成员。所以，我们在ICT领域一旦领先了，有了网络效应之后就不得了。中国ICT领域本来要全球领先的，结果被美国生生打断了，阻止了这个进程。

当然，我们的互联网应用本来是很有全球化竞争潜力的，但目前我们的互联网企业基本上只是关起门来很牛。为什么美国要打压TikTok？就是因为它是入口，也有网络效应，一旦形成全球化的优势就不得了。

新能源汽车也是一个引擎型产业，这个带动性是非常大的。我看过一个数据，汽车产业全球市场约是22万亿美元的规模，那就是150多万亿元人民币，随着新能源汽车对传统燃油车的替代，新能源汽车产业对经济的带动性非常大。

新能源汽车的大发展目前来讲有两个核心技术要突破，第一个核心是电池技术，第二个核心是智能驾驶系统。电池技术的迭代创新可能会加快对传统汽车的替代，实现弯道超车。智能驾驶系统的技术迭代与新能源车的使用规模有关系，特斯拉在行驶的有几百万辆车，几百万辆车对智能系统的学习优化，与一年才卖几万辆车的新能源车企的学习和优化进度就不可同日而语了。

新能源汽车领域，我们是领先的，宁德时代、比亚迪已经具备了全球领先的竞争力。目前还没有到真正爆发的阶段，这个产业才刚刚开始，还有很多机会。但我们也要认识到新能源汽车产业还在新技术迭代期，技术路线还有多种可能，还存在别人可能弯道超车的地方，比如新能源汽车电池新技术的出现、氢能源汽车，等等，就有可能使得后来者居上。所以，新能源汽车领域一方面是机会，另一方面现在还远没有达到锁定全球竞争格局的时候。

我们在新能源产业比如光伏、风电方面，已经具有全球产业竞争力了，尽管新能源市场规模非常大，但是它们的带动性比汽车来说要小得多。产业带动性很重要，比如说高铁，尽管市场规模不小，但由于高铁建设跟各国的土地制度有关系，很多国家的土地是私有制，要修一条路是难上加难，这也限制了高铁产业的全球化规模，影响了其带动性。

当我们越来越多的引擎性技术领先全球，并在全球市场进行布局渗透，终将让美国无可奈何。

总地来讲，困难的局面会有一个不短的时期，但我们确确实实已形成了很好的基础。

三、怎么办？——以远虑减少近忧

那么，面对现在困难的局面，我们该怎么办？

我还是那个观点，唯有远虑才能减少近忧。还是要先放空一下，展望一下未来，想想未来的必然前途。

比如说 10 年后、20 年后、30 年后，甚至更长一点时间。从长期来看，社会终归要浩浩荡荡往前发展，这是毋庸置疑的。如果，我们赶上美国的生活水平，这又是多大的空间？这种可能性是完全存在的。过去，在技术条件限制下，资源是有限的，只有通过战争来争夺生存空间，但随着技术的进步，资源限制问题得到大大的解决，全球人民的幸福美好生活是可以实现的。

大家再想想，10 年或者 30 年后，我们社会会是一个什么样子？随着 5G、6G 的普及，VR、AR 体验提升，家庭空间、教室空间、会议室空间甚至城市的空间都会发生巨大的变化；到处都是机器人，人类可能本身也是一个人机结合体，膝盖、心脏起搏器等都是机器，未来可能全身都可以用器械换装；能源可能越来越便宜，飞机出租变得和汽车出租一样发达，星球旅行也会成为一个大产业；还有，未来人均体育教练、音乐教练、各类知识技能教练、家庭医生水平等都会大大提升，并且还有机器人辅助……

> **想象、明晰未来的必然前途，我们可以放下焦虑。掌握节奏，做好当下，活好当下，尽管道路是曲折的，但前途是光明的。**

想象、明晰未来的必然前途，我们可以放下焦虑。掌握节奏，做好当下，活好当下，尽管道路是曲折的，但前途是光明的。

四、唯有机会是困难的永恒解药

企业如何面对现实的困难？我认为是三件事情，第一是要考虑机会在哪儿。我不太赞同"现在不是增长期"这样的观点，增长是永恒的话题，哪怕你衰退得比别人慢也是增长，所以企业战略永远要思考机会在哪儿。第二是核心竞争力，核心竞争力是不仅思考当下，还有如何赢得未来。第三是节奏，方向正确，节奏错误，也会满盘皆输。面对当前的形势，我认为首要的思考仍然是机会。

下面，我就机会这个话题来讲讲。

第一个机会，是全球化的机会。

全球人民都渴望美好生活，人们追求美好生活的天性是不会变的，只要追求美好生活就有机会，这是底层的需求逻辑。

全球化的机会也包括供应链转移的机会，我们在追求 GDP 增长的同时，现在该是追求 GNP 增长的时候了。

另外一个机会，供应链转移过来之后，就带来了这个国家新的增长点，这个国家新的增长点出现之后，就有新的机会了。

想想我们国家这些年的发展历程。刚开始是"三来一补"、OEM，基本上是轻工业产品，这样一来就有一个增长点的带动，基础设施开始出现短缺，修路、发电等需求就有了，就又有了一个新的增长点，接下来，城镇化跟着就发展起来了。我们加入 WTO 后，是更高一阶的制造业转移，这就带来了突飞猛进的发展。然后再进入第四个阶段，就有了人才资本积累，产业链积累、资金资本积累，各个产业进入创新驱动，再加上新技术时代来临，又是一批新的增长点。

所以供应链中低端又转移到越南等东南亚国家，转移到墨西哥等南美国家，这些国家会发生什么样的变化？会不会像我们国家一样，接下来会带来基础设施建设、城镇化发展，还有互联网应用发展。这对中国企业是不是机会？包括国外电商和独立站的发展，渠道扁平化了，原来产品出口必须要经过当地的经销商，所以被当地的经销商抓住了命脉，电商的发展把这个问题解决了，所以跨境电商孕育了大批的企业。

中国幅员辽阔，人口众多，机会多，中国的企业大量都是向内看，尽管有很多出口企业，坦率地讲那不叫全球化经营。现在部分央企以及华为、中兴、联想这些是全球化企业，但是这样的企业还是太少。

所以，到海外去，不仅仅是机会，各国更大程度地融合在一起，一国对另一国的打压就不仅仅是一个国家的事情，就会涉及更多国家的利益，打压的难度就会更大。

第二个机会，是新技术周期红利。

这个前面也讲过。比如通信技术的进一步发展，会产生很多我们想象不到的机会，在这里不再赘述。

再谈谈我们在光伏、新能源汽车领域还有大量的机会。2019 年，光伏实现了平价上网之后意味着什么？所有人都说意味着从补贴性驱动向经济性驱动转型，意味着政府驱动向技术驱动转型。这句话也对。但我说，除此之外，更意味着市场边界被打开了，现在这件事已经发生了。原来平价上网之前，它的经济性是不够的，基本上是在高电价的地区，比如说西欧、美国，主要市场是这些地方。中国也是主要市场，尽管不是高电价地区，中国是产业扶持，尽管没有经济性，但有盈利性。一旦平价上网，它一定是全球化产业，印度以及南美等一些发展中国家都可以用了，因为平价上网了，比煤炭发电还便宜，所以它的经济性实现之后，市场边界被打破，这句话已经被印证了。

新能源汽车现在的转换率、渗透率还差得很远，在新能源汽车领域我们有全球竞争力，有很多优秀的企业，第一个代表就是比亚迪。你想一想，如果未来把对燃油车的渗透率提高，比如达到替换 70% ~80%，这是多大的市场？

第三个机会，是替代。

为什么大国竞争现在这么厉害？包括中美竞争、中欧竞争，因为我们很多是替代，你替代人家，就是抢了人家的饭碗。工业产品，我们往往首先聚焦在单一品类，形成某种优势，同时做透以客户为中心，是较为容易替代的。这在各个领域都在发生，而且可以继续。

> 中国各个产业都要升级，这是技术发展、行业发展的本质，这不仅仅能提升竞争力，也会带来一定的增长。

而消费品最大的壁垒是品牌，过去通过渠道优势和细分市场起步，很多消费品公司发展了起来，逐渐积累起品牌势能，家电就是一个典型。现在，有了互联网之后，品牌和渠道壁垒更容易突破了，品牌壁垒大大降低，很多消费品领域可以被替代。

第四个机会，是升级。

中国各个产业都要升级，这是技术发展、行业发展的本质，这不仅仅能提升竞争力，也会带来一定的增长。举个例子讲，比如家具业，如果从机床业、机电工具业、汽车零部件产业引进人才，再结合生理科学，你可以把床、沙发做成什么样子的呢？再比如我们的社会槽点很多，我们抱怨教育、抱怨医疗、抱怨农业土壤板结，等等，从另一个角度讲，这些都是升级创新机会。

第五个机会，是服务业。

未来的社会会是什么？创新和服务！而且服务业没有什么可以"卡脖子"的，需要当地化。金融服务、物流服务、商务服务，还有旅游服务、生活服务（如餐饮、理发、便利店等）、健康服务、教育服务、娱乐服务没有减少，还在不断增加、创新、升级与丰富。

五、企业家精神与思维转型

面对当前的局面以及未来的发展趋势，我认为强化企业家精神与思维转型非常重要。

1. 企业家精神

首先还是要呼唤企业家精神。

各个行业立志成为"领头羊"的企业还是要学习华为，要以全球领先为追求。过去中国很多企业都讲全球领先，世界第一，但真正扎扎实实去做的还是很少。要真正做到全球领先、世界领先，还是要把格局打开，要敢于追求，要耐得住寂寞。

曾有企业负责人问我中国的营商环境，我的回答就是历史会浩浩荡荡向前，即使是在解放前，我们也涌现了很多有追求、有格局的民族企业家。

2. 技术和品牌

核心竞争力要素是三个方面：技术、品牌、系统。系统就不说了，什么都是系统。一定要重视技术和品牌，而且技术和品牌要具有全球竞争力。

3. 产业链思维

所谓产业生态，我们讲的这些新概念跟过去讲的产业链、复合产业链其实是一码事，本质上就是一个新的概念。现在很多人大讲特讲产业生态要合作，这些话都是似是而非，企业的经营与发展永远有竞争和合作，产业生态也是一样，永远有竞争和合作。有的人一讲产业生态就是重合作，其实会把大家带偏了。企业生存首先还是竞争，这是一个常识，也是企业立足之本，包括大家谈到要创造顾客价值。为什么要创造顾客价值？

创造了顾客价值，你就赢得了竞争，如果竞争对手比你能够更好地创造顾客价值，你也就完了。

我讲的产业链不是说一定要全产业链发展，而是首先要有产业链思维，要经营产业链，尤其是大行业。钢铁行业没有产业链思维，很多时候就是为矿产资源企业打工；未来光伏、新能源汽车等都需要产业链思维。其次，要不断往产业链制高点转移，布局制高点，才能经营全产业链，也才能带动整个产业发展。当然，这需要有一个过程，不断地位移，一步一步发展。华为就是这样的，原来是代理，后来研发，再慢慢一步一步走出来。所以大家要有产业链思维，努力打造产业链的竞争力，有实力的企业要努力占领产业链的制高点。

4. 全球化思维

现在的严峻形势倒逼我们要全球化发展，同时，全球化也是我们的机会，全球化也是提升国家竞争力，抗打压的护城河。这对中国很多企业来说会是一个挑战，其中风险、陷阱也会很多。

5. 建设组织能力

组织能力是企业持续发展最底层的能力，最终，一切都是靠组织能力支撑。为什么强调组织能力建设？因为这个东西它是一个慢功夫、苦活儿，不是立马就能看到成果的，只有老老实实建设组织能力的企业才能走得远，才能向上走。大家都有这个认知，都想做，但是真正有定力、有耐性把它做好的企业是不多的。我们有太多浮躁之气和机会主义，这个方面还得磨磨。

6. 把握节奏

节奏的关键是两点：机会牵引资源配置和动态平衡。

离开机会配置资源，那可能是一个陷阱，因为没有机会牵引的投入，会带来现金流危机。或者，离开未来机会（成功要素上建设能力）配置资源，那是浪费。但问题是，我们定义的机会或者未来的机会可能是一个"伪机会"，机会就成了陷阱。因此，如何识别"真机会"就成了一个关键。

另一个就是动态平衡，本质还是不要过度透支，这不是一个很好把握的度。

其实这一切又反映在领导力方面，企业要有打胜仗的领导力！

六、营商环境的关键

最后讲一下整个中国的营商环境，我认为有三个关键词。

第一个关键词是风险。

前面说了消化"透支"的风险有两种方式，如果是十年前，把泡沫戳破了可能还好，但现在可能真的要把这个泡沫加个玻璃罩，罩住它是为了保护我们的购买力，保护我们的购买力是为了保护我们在国与国竞争中的优势，保护这个竞争优势也是为了赢得更好的发展空间和环境。

第二个关键词是活力。

稳增长、保发展现在没什么神招，核心就是激发全民的活力，尤其是企业家的活力、企业的活力。这几年活力也出了问题，这个问题不是外部环境因素造成的。我们想一想中国经历了多少困难时期，20 世纪 90 年代不比现在还困难吗？所以我认为不都是外部因素，关键是内部因素，既然是内部因素，那就还得从内部突破，切切实实地去激发社会的活力与创造力。活力的激发不仅仅是关怀、政策，更重要的是制度的确定性。

第三个关键词是吸引力。

对人才的吸引力，对企业家的吸引力。美国之所以持续成功，一个很重要的因素就是"吸引力"，把全球的优秀人才都吸引过去了。我们要怎么不断地优化制度，增强对全球人才的吸引力，这很关键。那么，这还是激发创造的制度创新问题。🆔

不是现在太困难，而是过去太容易

——不真正进行认知革命，抓不住数智化的大机遇

■ 作者｜彭剑锋

认真学习了前面三位大咖的观点，学习是无止境的，华夏基石的最大特点是大家永远在学习的路上，在实践的路上，在探索的路上。这是个人与企业的生命力之所在，也是经济发展的未来之所在，乐观之所在。

一、时代红利已不在

2023 年年中，我们再谈中国经济，谈中国企业的未来，我认为还是要抱着平常心，回归到平常心来看待今天面临的一些情况。为什么说要用平常心看待今天？因为中国经济在持续高速增长 40 多年后，现在显然必须要面对和接受这几大现实。

第一是经济快速增长的红利消失了。中国经济快速增长是享受了几十年全球化快速发展的红利。经济全球化是美国主导的，后来以特朗普为代表的一部分美国政客认为，中国人利用全球化的规则，在全球化过程中最受益，而美国利益因而受损，他们"醒悟"了。他们认为，中国在该讲规则的时候没讲规则，该开放的没有按承诺的开放，但又在拼命地享受全球化的红利，这让以美国为代表的西方国家很不爽。因此，美国政客手中高举的一张牌就是要中国遵守美国主导的所谓全球化规则，否则就另起炉灶，将中国排除在外。

某种意义上，美国刮起的去全球化之风，本质上是试图去中国化。另外，随着中国经济的发展，我们也不甘心在全球分

工体系中永远在产业链低端赚取微薄利润，希望向产业链中高端发展，同时，中国已构建全球最完整的产业链体系，而美国虽然占据全球产业链的高端，但产业基本上空洞化了，这样一来，必然跟美国的根本利益相冲突，所以美国从其所谓国家利益与战略出发，是必然会全力阻止中国产业升级，阻止中国突破产业链核心技术瓶颈的。

客观上来讲，过去几十年我们积极参与全球化，也收获了巨大的全球化红利，但是现在得直面这个现实：中国利用全球化的规则、全球化的机遇，获取全球化红利得以快速增长的时代过去了。

第二是人口红利的消失。过去我们有庞大的人口总量，巨大的低成本劳动力优势，在全球贸易过程中，中国企业是靠低劳动力成本优势，靠人口红利，获取在产业分工上的竞争力的。现在人口

> 中国经济走入下半场，你得付出规则成本，得靠真本事赚钱了。

出现负增长与老龄化趋势是一个绕不开的基础性问题，人口负增长与老龄化问题会给经济发展带来两大问题：需求总量衰减；劳动力供给不足，适龄劳动力大幅减少。在这方面，日本的教训就在眼前，虽然技术创新在众多领域全球领先，但经济就是疲软乏力，起不来。总之，中国的人口红利消失了，得承认这个现实。

第三是"寻租红利"的消失。现在政策越来越收紧，越来越法治化、制度化、规范化，政策与制度的寻租空间越来越小，使过去一批靠着寻租、投机的企业现在非常难受。我总是讲，我们应该好好追溯一下中国的互联网企业快速发展的真正原因。中国互联网企业快速发展很大程度上是"野蛮生长"，没有付出规则成本，也得承认这一点。

要是我们能拨开各种浮云，去认真看下数据，你会发现腾讯的收入大部分来自一直有争议的手机游戏，阿里巴巴旗下的淘宝仍然充斥着假冒伪劣品，而百度仍然没有摆脱为各类、各

种骗子企业站岗放哨和推广的嫌疑……

前些天，有几位老板跟我聊天，抱怨民营企业生存环境变差，我说，这个认知得转变，不是现在民营企业生存环境变差了，可能是过去环境太宽松太好了。只要你是好企业，甚至只要有个好项目，所有的政府资源就都向你倾斜，政府都在给你打工，中国民营企业的环境不好吗？其实是全世界最宽松的。我个人认为，中国民营企业老板发财最容易，因为有政策红利和寻租红利。只要你是一个好企业，就能享受政策倾斜，土地免费，税收减免，为了拉一个好企业落地，地方政府可以投入几十亿元，甚至上百亿元给企业盖好厂房，买好设备，交钥匙开工生产，全世界哪有这么好的事？在中国，真正老老实实做好企业，愿意付出规则成本，不寻租，创造阳光利润的好企业家是受人尊重的，是安全的。因此，带有历史发展阶段和时代特色的"寻租红利"正在消失，因为整个社会越来越趋向公平，中国经济进入下半场，你得付出规则成本，得靠真本事赚钱了。

二、机会主义导向的惯性难消

40年经济高速成长背后的时代红利，已经形成了中国企业家那种机会主义导向的惯性。刚才夏惊鸣提到了一个词很好，就是透支，40年狂跑导致了体能透支。为什么那些能做到千亿级、万亿级的企业能一夜之间崩盘？就是因为体能透支：过度的举债，过度的盲目扩张，内在的管理能力、治理能力统统跟不上，做到千亿级、万亿级了，企业还在靠老板一个人在那儿拍脑袋，不拍死这个企业才怪。近些年暴雷的企业老板，有几个人是真正的企业家？本质上许多老板就是一个赌徒，投机心太强，老板又没有真正做事业的精神，必然会体能透支、动能衰竭。

所以我讲，现在发展遇到困难，不能都怪宏观层面的问题，而是要真正回到反省自身，回归到价值逻辑，回归到经营本质上来真诚地自问：过去的成功真的是自己的产品好、技术牛、组织强干起来的吗？还是抓机会、赚快钱、捞浮财，甚至是寻租发展起来的？这两天医药企业反腐让大家看到很多行业内幕，一个企业每年行贿支出十几个亿，这哪里是靠产品、靠技术做起来的？那如果习惯于用这种方式去赚钱，而不愿意像华为那样加大投入，加大产品技术创新，那么当政策一收紧、制度一规范，可不就是不安全了吗？

所以我们一直强调中国企业家的自我批判精神，如果没有自我批判精神，不能从底层价值观去思考你过去的成功是靠什么，未来的成功要靠什么，就改不了顺风顺水的发展惯性，就没法实现转型升级。

中国经济高速跑了这么多年，体能透支，动能衰竭，最后导致需求不足，经济下行，实际上也是必然的——走到今天经济就该往下走一走了，某种程度上，经济下行得还不够，教训得还不够痛，如果中国经济能扛住一两年的零增长，就能把一些烂企业淘汰掉、把水分挤掉，中国经济结构才能真正调整过来。所谓置之死地而后生。

三、对未来乐观的理由：中国智慧与数智化机遇

我们对未来还是要乐观。我一直认为，宏观的东西，我们解决不了，抱怨也没有用，唯一能做好的就是始终对未来有信心，做好当下。

对未来的信心来自中国企业家精神不死，尤其是现在中央出台了"31条意见"（7月19日发布的《中共中央 国务院关于促进民营经济发展壮大的意见》提出了31条意见，故被媒体简称为"31条意见"，以下用此简称。——编者注），这是有利于弘扬企业家精神的，是对企业家精神进行保护，对企业家的财产进行保护的政策。所以我一直说，不用担心中国的政治环境，共产党能活过一百年一定有它的道理，党的自我纠错能力、动态调整能力不用担心。现在"31条意见"出来，各种稳增长、促发展的政策也在打一套"组合拳"，旨在充分释放经济增长的潜能，迈向高质量发展。

对中国企业来说，最大的机会还是数字化、智能化。这是我的体会。我一直认为，全世界有大数据、智能化全产业链应用场景的国家就是两个，美国和中国，能代表未来产业互联网时代的就是这两个国家。虽然大家都说要学习日本、德国，但

我不看好他们的未来，因为日本、德国没有互联网和大数据优势，在产业互联网时代是缺胳膊少腿儿的，但中国拥有全球最大的大数据库，加上中国有全球完整的产业链，有丰富的大数据和智能化的应用场景，所以数字化＋智能化对中国企业变道超车、转型升级是一个历史性的发展机遇。

我有时候说，我们这几代人很幸运，因为我们赶上了60~100年这个繁荣大周期。经济有小周期，小周期是20~30年的繁荣，大周期是60~100年的繁荣，我们赶上了60~100年的繁荣。现在虽然增长速度降下来了，似乎缺少拉动性的大产业，但我们还在繁荣大周期内，赶上了数字化、智能化的浪潮。

我为什么一再强调数字化、智能化在中国是个大机会？原因有二。 第一是从文化的角度来讲，中国传统文化智慧与量子力学的融合更符合这个时代。中国传统文化，尤其是道家智慧与禅宗文化适合数字化时代的认知和思维革命。它强调整体，强调不二法则，强调既要又要还要；量子力学，强调链接，强调纠缠，强调系统。不过，波粒二象性，

对中国企业来说，最大的机会还是数字化、智能化。

西方国家更强调"粒"，而中国人则更强调"波"，就是更强调整体、链接、聚合，因为这与中国人的整体思维、系统思维、不二法则是适合的。所以工业文明产生在西方，是因为科学建立在结构化思维、二元对立思维之上。中国人是灰度思维、整体思维和系统思维，以及更强调人际沟通与人际链接。这种思维和文化是符合产业互联网思维的。所以有文化优势。

第二是丰富的互联网应用场景和大数据。刚才说到这几十年中国互联网企业是在"野蛮生长"，代价虽大，但也有所收获，尤其是疫情防控的3年，不仅集聚了大数据，也倒逼企业从线下走到了线上，实现线上线下高度融合，实体和虚拟的融合，而且我们的产业链还是很完整的，所有这些都是产业互联网全面大发展的基础。

未来，企业一定是软硬件结合在一起的，线上线下一体化的。今年早些时侯，华为宣布永远不造整车，只提供智能服务系统的战略，我认为这并不是最明智的战略选择，这个战略背后还是用二元对立思维来思考的。事实上，你是既要做软件，又要不做软件，既要不做硬件，又要做硬件，是怎么寻找第三条道路的问题。因为你不做硬件，你的软件就没法实现迭代，没法构建起产业生态。日本现在在 260 个领域的技术全球领先，但是日本经济为什么不行，因为技术虽然全球领先，但是没法形成产业生态，没法形成大的产业势能，这是日本企业现在面临的问题。

日本在进行产业布局的时候还是工业文明时期的思维，就是我在核心技术上占据产业制高点就行了，实际上现在不是这样，你光占产业的制高点是不够的，你必须要有产业应用场景。你没有产业的应用场景，你的软件、技术没法产业化，没法形成经济势能。

日本的氢能源技术全球领先，但因为日本不开放、不合作，没有产业生态思维，所以虽然氢能源技术全球领先，却没人陪它玩儿。而中国的锂电池本来是个伪清洁能源，结果最后真做成了清洁能源，硬生生把一个伪命题做成了真命题。

这就是产业互联网时代的一个特点，就像马斯克说的，你要有足够的想象力，你要相信它，然后你要快速行动，最后不是产业也能做成一个产业。中国的锂电池产业就是这么干起来的，它本来是一个伪命题，但是因为所有人都相信它是一种新能源，资本、人才都往里面涌，形成了势能，最后就做成了新能源。

四、只有认知革命与思维创新，才能抓住新机遇

过去那种二元对立，非黑即白，界限分明的思维是工业文明时期的思维，现在再谈新发展，谈新成长，新在什么地方，首先你得有认知与思维的革命，思维创新，用产业互联网的思维来思考问题。这是现代管理学，我们以后做咨询必须要逐渐改变的，我们自己需要率先进行认知革命与思维创新。我一直

批判我们有时也是新瓶装旧酒，用的是新概念，思维其实是老思维，认知并没有发生革命性的变化，你对这个世界的看法还是二元对立思维。

为什么我赞成中国领导人提出来的"人类命运共同体"的提法，这种共同体思维一定会战胜二元对立思维，美国现在还是固守二元对立思维，我是老大，不能允许老二存在，有我没你。人类命运共同体思维就是告别这种自我设界、等级次序分明的思维，主张多态并存的生态思维。

大家一定要理解，工业文明思维最突出的特征就是边界很清楚，工业文明的思维就像花园，都是封闭式的，每棵树都修剪得非常漂亮，大是大，小是小；树是树，草是草，泾渭分明；而生态就像原始森林，你中有我，我中有你，大树下面有小草，小草丛中有大树，物种彼此依存，是融合的，是链接到一起的。

未来的企业是怎样的？从组织这个角度来讲，大家都说未来的组织是扁平化的，错。未来的组织既立体化又扁平化。大家说，未来的组织会变得越来越简单，错。未来的组织既复杂又简单，未来的组织既大又小，既中心化又去中心化。它是一个态叠加思维，不再是一个单极世界，它是多极世界，它是一个生态世界。工业文明时期的思维是原子思维，把小草铲掉，剩下的是大树，大家的边界很清楚。现在全是跨界，你中有我，我中有你，参天大树和小草是纠缠在一起的，藤缠树，树缠藤，它是高度融合的。

所以我要强调，我们讨论企业的新发展、新成长，首先必须要进行认知与思维的革命，做企业不存在现在所讲的从战胜到不败，这是二元对立思维。从规模成长到质量成长，现在不需要追求规模，不追求成长吗？没规模你有竞争能力吗？既要有规模又要有质量，既要战胜又要不败。既要有高科技，又要

人类命运共同体思维就是告别这种自我设界、等级次序分明的思维，而是主张多态并存的生态思维。

是低成本，现在是既要、又要、还要。

现在是立体作战，是海陆空一体化，而不是过去的海军是海军，空军是空军，陆军是陆军，现在是海陆空混合作战。

过去我们是单一思维，要么是规模成长，要么是质量成长，按照量子力学，规模、质量、竞争力是一体的，你有质量就一定能做大规模，凭什么有质量就不能做大规模，产品又好，质量又好，凭什么不能做大规模？规模成长跟有质量的成长是一体的，它不是对立冲突的，现在是既要又要还要。

过去按照波特的理论，要么低成本，要么差异化，比如牧原集团为什么赚钱？牧原既有技术创新又能做到全世界成本最低，你又有高科技，又有低成本，怎么能不赢？你肯定能赢。

而且现在竞争更残酷了，就像战争，过去打仗还留个全尸，现在全尸都没有，现在战争的杀伤力是连骨灰都留不下的程度。你说只想活下来，而不是要战胜别人，对不起，不战胜别人不要说活，可能连死的机会都没有，连回旋的余地都没有，过去是这次打败了下次再来，挪个地方继续打，现在挪地方都没得挪。

生态也不是完全利他，而是既利己又利他，你有能力人家才跟你合作，你没有能力凭什么跟你合作？没人跟你合作。所以还是要做好自己，自己要有长板，自己要有核心能力，你的产品好、质量好，有长板，人家自然还是找你。你没能力、没资源、没产品谁找你？

五、新机遇下转型升级的两个底层逻辑

我认为，只要中国企业家精神不死，数字化又带来了全新的商业模式、生活方式，重构了整个人与组织、人与社会之间的关系，这给中国企业带来全新的发展机遇。

中国企业转型升级，有两个底层逻辑，必须要下功夫。第一个是数字化、流程化，第二个是价值观，这一代企业家真正要学华为的是长期价值主义，真正在人才、技术、管理上舍得投入，这是必须要的。

从底层价值观来讲有四个价值观：长期价值主义、产品主义、利他主义、创新向善主义。这些都是中国企业走新发展之路所需要的。利他思维刚才说过，没有纯粹的利他，也没有纯粹的利己，竞争与合作也是一体的。首先不是想着把别人打败，而是要想怎么合作，我的长板怎么有利于你、怎么能成就你，最后别人才愿意跟你合作，不是一上来就把人干掉。再一个我赞成肖知兴所讲的不败，不败也是一种赢，不一定是打败了对手，但是我活下来了。

新技术、新产业给中国企业带来了新的发展机遇，而且在新技术、新产业上中国跟世界的差距在应用层面上是不大的，从这一点讲对未来个人认为是既好又坏，既乐观又悲观，还是态叠加思维。既不能盲目乐观，又不能盲目悲观，这个经济形势既不好，其实也不坏，就是平常心态，什么时候都有好，什么时候都有坏。企业的生和死、胜与败是一个常态，你怎么保持自己不死，活下去，这是硬道理，你活下去才有机会。

> 从底层价值观来讲有四个价值观：长期价值主义、产品主义、利他主义、创新向善主义。这些都是中国企业走新发展之路所需要的。

六、活下去，要提高抗逆周期生存能力

中国企业发展到今天，企业家要提高抗逆周期的生存能力，过去在顺风顺水中跟着跑就可以赚钱，现在要提高你的抗逆周期的生存能力。所谓抗逆周期就是别人死，你不死，最后你成为"剩者"，"剩者为王"。因为中国的产业到了该整合的阶段，最后剩下的就可能是头部企业，你不能成为头部企业就会被淘汰。这些年我们一直主张企业要么成为细分领域隐性冠军，要么成为具有全球竞争力的世界企业，你不光要做大，还要做优做强，既要又要还要，但是不能否定做大，做大永远是基础。

有专家讲了，现在不要做大。我说，不做大你没有生存能

力呀，但是做大的前提是你要有质量的发展，有质量的成长。企业能高成长时，为什么不高成长呢？业绩能翻3倍为什么不翻呢？只要我不翻车，只要我是高质量的成长、有效成长，那有什么关系？

企业如何抗逆周期成长？我认为，第一，赛道很重要，要选一个好赛道，这是战略问题。今年很多企业来找华夏基石做战略咨询服务，其实就是在解决选好赛道的问题。第二，要有硬科技，要有技术创新，要加大对技术的投入。要么技术创新，要么模式创新，真正实现创新驱动与人才驱动，这两个驱动机制是中国企业老生常谈的事情，现在对技术能够加大投入，对人才能够加大投入的企业还真不多。

比亚迪能走到今天，华为能走到今天，美的能走到今天都是在加大技术创新的投入和人才的投入。这些企业的工资就是比别人高，凡是工资比别人高的、员工待遇高的都成长了，不用看别的东西，就看高管的平均收入。**天下英才为我所用，人才领先的背后是待遇领先，人才投入领先。**这是常识。一流人才的背后是一流的待遇，一流待遇带来一流人才，一流人才带来一流的贡献，一流的竞争能力。

赛道选好了，产品技术上有创新优势，靠的是内在的组织能力。组织能力来自两方面，一个是组织活力，另一个是组织理性，也可以说成一个是激情的力量，另一个是理性的力量。激情是来自使命、愿景、事业激情，这个组织有活力，有激情，就有创造热情。任正非说，组织应对外部环境最重要的是组织内部充满活力，充满战斗力。但你光有激情，光有活力，没有组织理性，这个企业也得翻车，尤其对于老板来说，你没有制度、没有规则，不能遵从法律，你的成功不是靠走正道、不是靠能力获得的就都不安全。

所以组织能力非常重要。中国企业最大的问题是有激情没理性，大家都习惯于不按常理出牌，习惯于"寻租"，习惯于不讲规则，习惯于关键时刻就"出老千"、作弊。你作弊一次还可以，关键是老这么干，大家就都不讲规则了，就出现了劣币驱逐良币，整个产业就不健康、不安全了。

　　组织能力是非常重要的，组织能力就是四个核心要素：组织治理与领导力、组织结构力、组织流程力、文化与人才队伍。你把这四个方面做好了，你就不用愁，这个市场空间足够大。

　　所有做得好的企业，可以说都是靠长期价值，都是靠赚正确的、慢的、需要资源投入和时间积累的钱，靠核心技术和组织能力实现逆周期成长的。🔲

训战

CHINA STONE ▶▶

战略解码过程，应该从"客户价值"出发，经过公司、流程、部门、岗位四个层级完成分解，最后变成员工行为，实现真正落地。

——徐继军

从客户价值到员工行为的
四级战略解码系统
——从战略解码方法论溯源谈起

■ 作者 | 徐继军　华夏基石管理咨询集团副总裁、高级合伙人，
　　　　华沣管理研究院院长

　　企业有两个核心问题：一个是"做对"，选准方向；另一个是"做好"，想到做到。这个判断是有广泛共识的，彼得·德鲁克的表述是，企业要"做正确的事"以及"正确地做事"。

　　战略本质上是企业基于对未来的期望和设想，而在当下采取的一系列行动措施。战略最重要的作用是提供方向牵引，凝聚力量，"团结一切向前看"，使组织始终处于战斗状态，从而使组织能够更好地识别和克服当下的各种困难，持续前进。

　　从"做对"到"做好"并不容易。在"做对"和"做好"之间，还需要一座桥梁，这座桥梁就是完成战略解码，将战略目标和举措转化为各级部门和员工的统一共识和行动指南。只有通过有效的战略解码，才有可能保证各级部门和员工能够围绕战略的实现，形成最大合力。

　　之所以仅仅说"有可能"，是因为即使战略解码到位，还得靠有效的运营管理体系、组织能力建设、持续改进机制保证执行到位，才能看到预期结果。

一、战略解码方法论溯源

　　战略解码问题的解决，在实践中通常表现为企业关键绩效指标分解过程。关于企业关键绩效指标的分解过程，迄今为止，大致经历了成本管理阶段、财务管理阶段、平衡管理阶段三个不同的发展阶段，也产生了很多有价值的思想、工具和方法。

（一）关键绩效指标分解之成本管理阶段

战略解码实践中历史最悠久的方法体系，应该就是成本管理体系。

当然，历史悠久并不等于这个方法已经全然落后。直到今天，基于"成本管理"的这套战略解码方法，还在一些行业和企业中发挥着主导作用。

1. 什么是成本管理

成本管理，是在保证产品质量的前提下，对企业经营过程的各环节进行科学合理的管理，力求以最少消耗取得最大产出。成本管理，包括成本规划、成本计算、成本控制、业绩评价四项内容。

其中，成本规划，是指根据企业战略和经济环境，对成本管理体系做出规划，明确思路和总体要求；成本计算，是通过科学有效的统计分析方法，对各项成本指标进行持续统计分析，寻找成本改善机会；成本控制，是利用成本计算提供的信息，采取各种管理手段和技术手段实现成本改善；业绩评价，是指对成本控制效果进行评估，目的在于改进成本控制活动。

使用成本管理作为战略解码方法有一个前提，那就是这个行业中的产品和服务高度相似，差异化很小，需要靠成本领先才能获取竞争优势。

2. 发展历史回顾

可以想象，在商业文明的早期，企业规模较小，此时短缺经济是主流，销售不是主要问题，企业发展和获利的主要影响因素就是成本。

以成本管理作为核心的企业绩效指标体系，可以追溯到 19 世纪的纺织业、铁路业、钢铁业。比如，19 世纪中叶，铁路业是当时人类创建的规模最大、经营最复杂的企业组织，其经营可以跨越广泛的地理空间。铁路业管理者发明了管理铁路的绩效评价指标，如每吨公里成本、每位顾客公里成本等，帮助提高企业的经营绩效。

从成本管理体系的发展历史看，又可以分为简单成本指标阶段、较复杂成本指标阶段、标准成本指标阶段、战略成本管理阶段。

（1）简单成本指标阶段。早期的成本管理体系，是一种很简单的"将本求利"的思想。这一阶段关注的重点是降低成本。由此，基于统计体系，形成了诸如每磅成本、每公里成本等评价指标。

（2）较复杂成本指标阶段。随着生产规模的扩大和复杂程度的提高，原有"将本求利"的思想逐渐被如何提高生产效率、尽可能多获取利润的思想所取代。此时，简单的成本管理体系越来越无法满足管理需要。于是，在简单成本指标体系的基础上出现了更为复杂的成本指标体系。

最初，评价的主要内容是直接成本，也就是"实际主要成本"。这种成本只包括材料费和人工费用，而不包括间接制造费用，称为直接成本指标体系。后来，企业逐渐将包含了管理费用、营业费用、财务费用在内的全部直接费用计入成本，认为这才是真实成本，于是成本指标由"实际主要成本"升级到"实际全部成本"。此后不久，这种观念再次被打破，取而代之的是"正常成本"，将各种间接费用也考虑进去。

（3）标准成本指标阶段。随着经济持续发展和竞争意识加强，原有的成本管理指标因为属于事后分析，反应迟钝，不便于进行预防性管理，已经不能满足企业最大限度提高生产率以获取利润的要求。在此基础上，标准成本指标体系开始建立。

所谓标准成本，是指在最优的生产条件下，利用现有规模和设备所能达到的最低成本。标准成本是对未来成本的理性预期。泰勒的科学管理为标准成本制度的建立奠定了理论基础。标准成本制度的建立，标志着关于成本管理，已经由被动的事后分析转变为积极、主动的事前预算和事中控制，达到了对成本进行前置管理的目的。

（4）战略成本管理阶段。20世纪80年代"战略成本管理"概念的提出，大力推进了成本管理体系的发展。所谓战略成本管理，就是从竞争的角度出发，通过对企业自身以及竞争对手的比较分析，为管理者提供战略决策依据。后来，美国哈佛商学院的迈克尔·波特教授在《竞争优势》和《竞争战略》两本书中，提出了运用价值链进行战略成本分析的方法。

后来经过很多管理专家和企业界的努力，战略成本管理的概念和方法不断得到完善。1993年，美国管理学者在迈克尔·波特工作的基础上，进一步澄清了成本信息在战略管理中的作用；1995年，欧洲管理学者开始把战略成本管理的工具运用于问题的诊断、战略定位的选择、方案评估和规划、执行结果评价等；1998年，英国教授罗宾·库珀提出了以作业成本制度为核心的战略成本管理模式，在传统的成本管理体系中全面引入作业成本法；20世纪90年代以后，日本理论界和企业界提出了"成本企划"这个具有代表意义的战略成本管理模式，采用逆推法，从最初点开始，实施充分透彻的成本信息分析，来减少或者消除非增值作业，并从产品设计阶段开始，就与竞争对手开始进行比较，使用各种手段使成本达到最低。

迄今为止，重要的战略思想中，几乎都能看到"成本管理"的巨大影响力。迈克尔·波特在《竞争战略》一书写到，企业要想取得竞争优势，要么成本领先，要么实现差异化。而"蓝海战略"是在《竞争战略》基础上进一步的发展，通过战略要素的重新组合，针对特定客户，实现了成本领先和差异化二者兼得，当然成本领先依然是其战略思考的基点。至于克莱顿·克里斯坦森的"颠覆性创新"，虽然是从客户分类分层入手思考，但破坏性技术之所以能够最后实现颠覆，其关键也在于创造了更低的成本优势。

（二）关键绩效指标分解之财务管理阶段

与"成本"相比，相对完整的财务指标体系就显得更为"均衡"，可以更全面地总结和评价财务状况、经营结果。

1. 杜邦分析法

1903年，美国杜邦公司由多个独立的公司合并而成，因为需要协调多个组织的多种经营业务，同时面临着如何实现投资回报最大化的问题，杜邦公司的高层管理者设计了多个重要的经营指标，并建立了体系化的财务指标体系，形成了著名的"杜邦分析法"。

在利用财务管理思维进行战略解码的工具中，"杜邦分析法"

无疑是其中的优秀代表。其分析过程见图1。

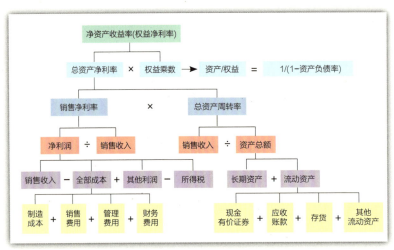

图1 杜邦分析法

杜邦分析法利用几种主要的财务指标之间的关系，综合地构建出企业的财务指标体系，其基本思想是，将企业净资产收益率逐级分解为多项财务指标的乘积，这样有助于深入分析和分解企业经营目标。

中国《企业财务通则》则将财务指标分为三大类：①偿债能力指标，包括资产负债率、流动比率、速动比率等；②营运能力指标，包括应收账款周转率、存货周转率等；③盈利能力指标，包括投资收益率、销售利润率、成本费用利润率等。经过企业管理实践经验的不断总结积累，逐渐形成了相对完善的财务管理指标体系，也可以帮助企业完成经营目标分解工作。

2. 发展历史回顾

财务指标体系的探索与完善，经历了较长的历史发展，大致可以分为三个发展阶段：第一个阶段，是以销售利润率为中心的指标体系；第二个阶段，是以投资回报率为中心的指标体系；第三个阶段，是以财务指标为主的指标体系。

（1）以销售利润率为中心的指标体系。销售利润率，是企业利润与销售额之间的比率，它是以销售收入为基础分析企业获利能力，即每块钱销售收入所获得的利润是多少。

销售利润率指标实际上并不是单一的指标，而是代表了一类指标。

当企业组织形式比较简单时，往往是以销售利润率作为核心指标，去构建指标体系。但是，随着很多大型、多部门企业的出现，其获利的方式变得复杂，不仅要关注业务层面的销售收入和利润，也开始更加关注公司整体投资回报。

（2）以投资回报率为中心的指标体系。投资回报率是指企业从投资活动中得到的经济回报，是衡量一个企业经营效果和效率的综合性指标。投资回报率也代表了一类指标。

（3）以财务指标为主的指标体系。20 世纪 80 年代后，企业绩效指标体系发生了深刻改变。美国的许多公司意识到，过分地强调短期财务业绩是美国公司在与欧洲和日本企业竞争时处于不利地位的重要原因，于是开始把着眼点更多地转向股东价值最大化，而不是短期财务表现。由此，非财务指标在业绩评价中的作用越来越重要，开始作为绩效评价系统的补充。

（三）关键绩效指标分解之平衡管理阶段

财务管理体系经过多年的发展，变得越来越严密、规范、成熟。在企业战略解码、目标分解的过程中，一直发挥着非常核心的作用。

但是，财务指标存在着天然的短板，那就是滞后性。也就是说，在看财务指标时，企业看到的是结果，导致结果的事件早已发生，企业已无力改变。

在经济环境变得越来越复杂、竞争也越来越剧烈的背景下，企业需要能够及时发现问题，快速进行战略调整。这种情况下，基于财务指标体系进行战略解码，就无法帮助企业更好地应对环境的变化。

于是，平衡计分卡（BSC）这个明星管理工具应运而生。

1. 平衡计分卡的诞生

20 世纪 90 年代以来，由于全球化和"新经济"，经济发展速度越来越快，市场环境瞬息万变，竞争程度不断加剧。在此背景下，企业要生存求发展，取得最大效益，就必须有更为长远的战略眼光和奋斗目标，同时要求反应迅速，这要求企业必须形成和保持自己的核心竞争优势。

然而，核心竞争优势的形成与保持是由多方面因素决定的，这些因素应该在企业绩效指标体系中得到充分体现，才能更好地对企业各项活动产生有效的牵引作用。显然，传统的财务业绩评价指标很难做到这一点。

1992年，罗伯特·卡普兰、大卫·诺顿基于对当时绩效测评方面处于领先地位的12家公司进行的研究，在《哈佛商业评论》上发表了论文《平衡计分卡：良好绩效的测评体系》，第一次提出了平衡计分卡的概念。后来，他们在1993年发表了论文《平衡计分卡的实际应用》，在1996年发表了《把平衡计分卡作为战略管理体系的基石》，使平衡计分卡的理论框架更加完善。

2. 平衡计分卡的框架

平衡计分卡以企业的战略为基础，将四个方面的衡量内容整合为一个有机的整体，它既包含了财务指标，又包含了顾客角度、内部流程、学习和成长的业务指标，并且形成了自身的逻辑体系。

平衡计分卡最突出的特点是：将企业的使命、愿景和发展战略与企业的业绩评价系统联系起来。通过把企业的使命和战略转变为具体的目标和评测指标，实现战略和绩效的有机结合。

因为平衡计分卡在理念上，的确突破了传统财务指标体系的禁锢，形成了全新的逻辑体系，并使非财务指标与财务指标统一在一个框架体系之内，所以推出之后，得到了广泛的认可，成为应用广泛、备受推崇的管理工具。

基于平衡计分卡的框架，企业可以绘制战略地图，进行战略解码（见图2）。

前面我们讲到，战略解码问题的解决，在实践中通常表现为企业关键绩效指标分解过程。上面我们通过对企业关键绩效指标体系发展历程的简要总结，呈现了战略解码思想的发展脉络。

从最开始的成本管理思维，到后来逐渐完善的财务管理思维，再到平衡计分卡开创的平衡管理思维，使战略解码的思想和方法体系日渐完善。这些管理思维的进化过程，伴随着经济环境的变化，为不同场景下的企业进行战略解码提供了非常有益的工具。

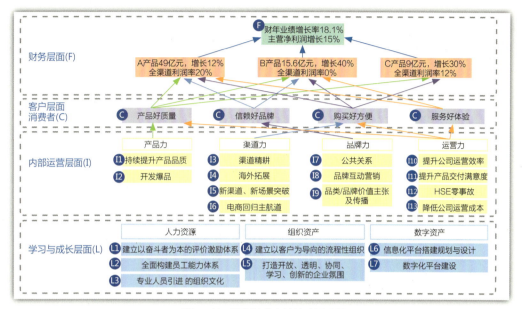

图2　基于平衡计分卡的战略解码图

但是，即便发展到了平衡计分卡的阶段，关于战略解码的思想和工具依然不能称为完善。即便受到广泛推崇的平衡计分卡，也存在着逻辑结构过于粗糙、战略解码精度不够的问题。（相关内容见《华夏基石管理评论》总第64期《战略解码：平衡计分卡的主要缺陷和反思》徐继军。——编者注）

二、从客户价值到员工行为的四级解码

前面我们回顾了战略解码方法的发展历史，进入21世纪，竞争环境发生巨大变化，企业经营要回归客户价值成为管理界的一致呼声，也是很多标杆企业的成功实践，下面我分享自己从实践中总结出来的从客户价值出发，将战略逐级进行分解，直至落实到员工行为的企业战略解码体系与过程。

（一）战略思考起点：客户价值

战略思考的起点，是三个问题。①客户：我们的客户是谁？②场景：我们主要解决客户在什么应用场景下的何种痛点？③产品：我们将以何种产品或服务满足客户的需求？

也就是说，企业因客户而存在。企业生存和发展的理由，

是能够为客户创造价值。企业和客户之间的关系是交易关系。企业为客户创造价值，客户获取价值后支付回报给企业，从而完成双方的交易。

那么，什么是客户价值？我们认为，"客户价值"应该包括三个方面的内容：①企业提供给客户的产品和服务能够满足客户需求，这是为客户创造价值的基本门槛；②企业提供给客户的产品和服务能够更好地满足客户需求，这是客户选择企业而非竞争对手的理由；③企业能够持续地满足客户的需求，这就意味着企业获取的回报要支撑自身的存续，还意味着企业能够不断进步从而保住自己相对竞争对手的竞争优势。那么，客户需求都有什么？这个问题是企业战略最核心的问题，也是企业一切经营活动的源头。也就是说，企业战略的核心问题，本质上是对客户价值的确定。

关于这个问题，迈克尔·波特提供了大师级的回答，简单清晰，而且高度符合我们关于"性价比"的基本常识。按照波特的观点，客户就要两个东西：一个是成本领先，另一个是产品差异化。成本领先很好理解，就是成本足够便宜。差异化是什么？笼统地讲，就是"人无我有""人有我优"。当然，到底什么才算是足够"便宜"、足够"优"，需要结合客户的具体应用场景来定义。

波特提出的"成本领先"和"差异化"这组互斥的指标，从底层逻辑上讲清楚了客户需求的本质。

但是，相对于"成本领先"这个明确的指标，"差异化"这个指标就很不直观、相当抽象。到底怎么做，才算是比较理想的"差异化"？"差异化"到底包括哪些内容？这就变成了一个见仁见智的开放式问题。

在企业经营管理实践中，关于客户需求，有一组更常用、更直观的指标，那就是"多快好省"。这组指标拆分开来，包括四个方面的内容。

多：能够服务更多的客户，或者为客户提供更多的产品和服务。当然，"多"也有好坏之分。如果没有"快""好""省"来支撑，"多"就很可能变成盲目地铺摊子，结果往往是危险的。

快：产品和服务交付的效率足够高。这个指标值的确定，完全取决于企业对客户需求、竞争环境的深度分析和理解。多"快"算"快"，这是一个关键问题。原则上与竞争对手相比，在竞争优势上有明显的差异就好。如果脱离了与竞争对手的比较，一味求"快"，有可能给公司造成过高的成本，却不能带来客户效用的相应提升，是不理性的。

好：产品和服务的质量足够好，至少足够稳定。这个指标值的确定方法和"快"一样。

省：产品和服务的成本足够低。这个指标值的确定方法和"快"一样。

"多快好省"这四个核心指标，实际上"多"更多取决于公司的资源投入总量，虽然从公司角度看，非常重视，但并非客户需求的核心指标，并不影响客户效用。而"快""好""省"，才是更为关键的客户需求指标。一个企业不可能同时去追求所有的核心指标，而是应该有所取舍。

我们发现，"多快好省"这组指标之间实际上是互斥的。比如，要想质量更好，往往成本就低不了、交付速度就要打折扣。所以，企业往往追求的是，有一个或者两个指标和竞争对手差不多，然后重点突破另外的指标。

"多快好省"这组指标，相对于波特提出的"成本领先"和"差异化"而言，在逻辑水平上有明显差距。比如，有些时候"多""快"也是"成本领先"的方法，而"快"和"好"也算是"差异化"的构成部分。而且，"好"这个指标往往也是各自表述的开放式指标，如果不结合具体场景实在说不清楚。好在"多快好省"这组指标，相对而言足够直观朴素，拥有很好的群众基础，也就被广泛应用了起来。

明确了战略的起点后，下一步我们需要开始进行战略解码。战略解码的过程，本质上就是对客户价值指标的分解过程。

（二）四个层级完成从目标到行动的分解

如何完成战略解码过程？我们认为，战略解码必须要准确、有效地分解到各部门、各关键岗位，转化为员工的行为，才算真正解码完成。

基于企业经营管理的逻辑常识，战略解码可以按照以下过程框架进行推进（见图3）。

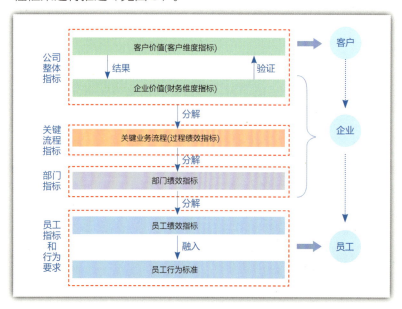

图3 基于企业经营管理逻辑的战略解码过程框架

这套战略解码方法，不仅包括各类指标归类形成的"计分卡"（Scorecard），其最核心的内容，是打通从"客户价值到员工行为"这条战略实现的逻辑链条。指标归类形成的"计分卡"，更像是挂在这个逻辑链条藤蔓上的果实。另外，这套解码方法有一个非常重要的特征，就是对于各类指标有明确的取舍规则。

为了后续表述的简洁，我们给这个战略解码框架起名为"华沣战略解码系统"（Huafeng Strategy Decoding System，HSDS）。

华沣战略解码系统（HSDS）始于企业战略的核心问题——对于"客户价值"的分析和判断，其过程包括企业、流程、部门、员工四个层级，不同层级的解码形成不同的指标体系，也就是"计分卡"（Scorecard）。

1. 公司层级解码过程

公司层级解码过程，主要解决的是企业战略选择和验证问题。

所谓战略选择，就是解决企业"必须做"的问题。也就是要回答，企业要服务哪些客户？企业给客户提供哪些产品和服务？企业给客户提供的产品和服务，需要具备哪些指标？企业希望能够服务多少客户？

只有当问题的思考最后变成明显的指标时，战略的准星才算是开始瞄准。这些指标基于企业对客户需求、竞争环境的判断，一旦明确，没有太多调整空间。因为不达到这些指标，就意味着企业无法满足客户需求。而失去客户，企业就失去了存在的意义。

如图4所示，企业存在的理由是为客户创造价值，而企业的财务指标是满足客户价值之后得到的回报，也是对企业真正为客户创造了价值这件事情的验证。

图4 客户维度指标与财务维度指标的关系

因此，除了客户维度指标，财务维度指标也是公司整体绩效指标的一个重要组成部分。

2. 流程层级解码过程

流程是企业战略和组织的接口，解决了从公司目标到部门任务的衔接问题，发挥着承上启下的作用。

企业要满足客户需求，要为客户创造价值，要实现财务指标，就得把该做的事情，一件一件地做好，这些做事的过程就是流程。很显然，在满足客户需求、为客户创造价值的过程中，几乎所有的流程都需要多个部门的协同和配合才能完成。

不同企业，因为为客户创造价值的产品或服务不同，其核心业务流程也会有明显的差异。比如工程建设企业，核心业务流程就是订单获取流程、工程建设交付流程。比如制造业企业，核心业务流程就是市场营销流程、产品开发流程、产品交付流程。

客户价值指标的实现，需要依靠这些核心业务流程，而企业能否获取健康的财务指标，也需要依靠这些核心业务流程的效率来保障。

当然，企业流程存在清晰的层级关系和严密的支撑关系，基本上是环环相扣的。企业流程结构的这些特点，可以帮助企业将整体目标（客户维度指标、财务维度指标）准确分解下去，变成各级流程的绩效指标，也就是明确了这些流程事项对应的做事要求。

3. 部门层级解码过程

部门可以理解为构成流程的环节，是流程的组成部分。当然，一个部门可能参与了多个流程，是多个流程的组成部分。

部门，解决的是专业分工问题。"专业分工"的思想，可以追溯到亚当·斯密的《国富论》。企业将做销售的人放在一起、做研发的人放在一起、做财务的人放在一起、做人力资源的人放在一起，都是为了解决专业分工问题。

流程指向客户价值，是企业真正的骨架，而部门只是支撑这些骨架的专业模块。部门必须在流程中去寻找自身的价值，必须服务于流程目标的达成。

但是，需要看到的是，将流程指标分解到部门指标，并不容易。

流程整体的工作结果是各个部门协同完成。既然是协同，就有责任分担问题。如果不能把各部门的责任理清楚，这个分解过程就进行不下去。这个问题的解决，实际上还是很有技术含量的。

在这个过程中，各流程的流程负责人（Owner）就发挥了非常重要的作用。他需要带领流程节点上的相关部门负责人，围绕流程目标实现，按照流程优化的方法分析短板、减少停滞、减少浪费、提高效率，最后将流程目标变成对各部门的任务要求。这些任务要求，有些可以变成绩效指标，有些就是关键事项和任务清单。

应该注意到，流程指标并不是部门指标的简单相加，而是要围绕如何实现形成解决方案，由此才能真正梳理清楚各部门的任务要求。

4. 岗位层级解码过程

岗位是部门的最小单元，是真正承担责任的实体。无论企业战略选择多么精妙，如果最终不能落在每个具体岗位上，战略就无法落地。

但将部门指标分解到岗位头上并不容易。部门是专业分工的结果，虽然是将专业相近、工作内容相似的岗位聚集在了一起，但是，部门并不是岗位的简单相加。

有些部门分解任务相对好操作。比如业务部门，各业务经理基本上都是并行工作，相互之间配合很少，部门任务相对可以简单地分解下去，基本上不会有明显问题。

但是，有相当多的部门就不会像业务部门那样容易。比如大多数职能部门，日常例行事务工作、项目型工作、临时交办事项是职能部门工作的三大主要构成部分。绝大多数岗位工作（除招聘、采购、融资等资源整合类岗位），其工作结果量化都比较困难。他们的工作特点是根据任务需要，团队分工协作，工作就像是一系列小项目的组合，工作内容多变是职能部门工作的显著特征。

所以，从部门到岗位的工作分解，必须要有简单好用的工作方法，才能够解决。比如关键任务清单管理法。

5. 岗位指标变为员工行为

指标分解、任务清单只是提出来明确的要求，只有员工按照公司层层分解下来的要求行动起来，真正变成员工的行为，才能说战略解码完成了。

可是，从要求到行为，完成这一步转化也不容易。

除了要对员工的行为提出明确的要求，还必须要解决好员工行为牵引问题，通过有效的影响手段，使员工有意愿，也有能力去按照公司的希望行动起来，而且要让员工能够自我驱动。

对员工开展绩效评价可以一定程度上解决这个问题。但是，到了员工行为这个层面，因为量化困难，而且变化和调整是常态，所以绩效评价的效力也会大打折扣。

要解决以上问题，除了绩效评价这个模块，还需要将员工发展通道、培训管理、薪酬管理三个模块组合进来，形成一套更有力量的方法体系，才能对员工行为形成有效的牵引。

战略解码过程，应该从"客户价值"出发，经过公司、流程、部门、岗位四个层级完成分解，最后变成员工行为，实现真正落地。这就是华沣战略解码系统（HSDS）的基本逻辑，当然这里呈现的也只是基本逻辑，详细的解码过程需要代入企业的情况去做，希望与企业界人士多多交流。

注：本文所有图片由作者本人提供。

业务能胜利，胜在财务管理

■ 作者 | 何绍茂　华夏基石集团高级合伙人、副总裁，知凡叶茂主理人

"会计，当而已矣"（《孟子·万章下》）。

2500 年前，还在做仓库管理员的孔子曾对会计工作进行了简单又深刻的论述，曰"当"。

什么是"当"？

时过境迁，斗转星移。从西方到东方，从理论到实践，从艺术到科学，一代又一代财务人在不断探索。

2022 年 2 月 18 日，国务院国资委发布《关于中央企业加快建设世界一流财务管理体系的指导意见》，指出财务管理是企业管理的中心环节，是企业实现基业长青的重要基础和保障。要进一步提升财务管理能力水平，加快建设世界一流财务管理体系。

很多企业家朋友也经常问我：什么是世界一流的财务管理体系？

2023 年 4 月 23 日，我在华夏基石和彭剑锋老师当面交流时，彭老师建议我写一篇如何打造世界一流财务管理体系的文章，同时根据我这 23 年的经营实践，写一本现金管理主题的书。

中信出版《华为战略财务讲义》后的这三年来，我一直在写一本资本架构的书，因为我认为战略财务的核心是围绕公司资本架构的资源获取与资源平衡。而这，自然离不开资金管理。毕竟，现金为王嘛。

其主要内容是中长期的资本架构、短期的现金流和业务全球化下的海外资金管理，彼时已近完稿。为了广大企业更好地借鉴，本书还附有 H 股和 A 股两家上市公司资金管理案例。

但这本书叫什么名？我觉得《现金为王》太落俗套了。彭剑锋老师才思敏捷，略作思索，一锤定音：就叫《超越现金为王》。企业不分规模大小，都需要管好现金。这是企业经营永恒的命题。

乃有此文和此书名。

2023 年 4 月 25 日，我应邀去北京国家会计学院授课，参训的企业有中建五局、中建八局、滨化集团、先正达、中海油、淮南矿业、五矿资产、中国核工业集团等公司的财务主管。首次系统分享了我梳理的华为、Z 公司等标杆企业的资金管理实践。

"知者行之始，行者知之成。"

我以为，建设世界一流的财务管理体系，要回答两个问题：

第一，什么是世界一流的财务管理体系？

第二，如何打造世界一流的财务管理体系？

一、什么是世界一流的财务管理体系

企业财务管理萌芽于 15 世纪末 16 世纪初，起步于 19 世纪末 20 世纪初，发展于 20 世纪中期，深化于 20 世纪末期，成熟于现代。财务管理的职能也经历了从筹集资金到有效内部控制，从资源合理配置到全面参与经营活动与管理的变迁。

时至今日，财务管理已经集预测、决策、计划、组织、控制和分析于一体，在企业管理中发挥着不可替代的作用，支撑企业发展。

结合逾 23 年的实践，对标标杆，笔者以为，世界一流的财务管理体系，应当能够"承接战略、支撑决策、服务业务、防控风险"，最终创造价值。

具体而言，财务应当扮演好三个角色，好大坝，能守住底线；好参谋，能支撑高效决策；好伙伴，能支撑业务打胜仗。表现在三个维度，经线：纵向精深；纬线：横向协同；共享组织：标准高效。

1. 经线：纵向精深

何为经线？经线就是能力中心，COE（Central of Expertise）。主要指纵深的专业能力。面向公司视角开展工作，体现财经的专业性。主要涉及经营管理、销售融资、资金、税务、预算、核算与报告等模块。

经线需要向下扎根，向上开花，承接战略，支持决策。向上支撑董事会高效决策，向下为公司战略的执行落地提供工具和方法论。

经线是纵向，要求精深。能够支撑战略。战略落地需要工具与抓手，需要和战略相适配的政策、文件、流程和制度。

财务经线要能够将公司的战略规划在本专业线形成可执行、可落地的政策、文件、制度，与战略对标，凝结"云"，化为"雨"，落地到流程这一条条"河沟"里，化作"云"和"雨"的催化剂，使公司的"云""雨""沟"形成完整的生态逻辑。

这个生态逻辑，是价值创造—价值评价—价值分配的价值循环逻辑，也是业务（价值创造）—财务（价值评价）—人力资源（价值分配）的循环逻辑。

经线要能够支持决策。什么是决策？决策就是做选择，在众多可能性中选择最优解。这不仅需要洞察力、判断力，更需要专业能力的支撑。

> 经线要"三懂"：懂战略、懂专业、懂业务。

财务经线要构筑"逢山开路，遇水架桥"的专业基础，能够凭借精深的专业能力，对公司面临的财务问题提供专业的解决方案，为董事会沟通与决策提供支撑，保障决策的有效性，降低决策风险。

经线要做好计划、预算、核算。做实战略制订到执行流程，建立由战略规划到年度预算、由预算到考核的闭环联动机制，加强业务计划、全面预算、滚动预测、管理核算，端到端拉通，集成管理。

经线要做好资金管理。不仅要高效保障现金的安全性、流动性、成本收益性，支持业务发展，更要建立符合企业发展战略的资本架构，平衡业务增长与财务风险，平衡有限的资源获取与配置，超越现金为王。

经线要做好税务管理。洞察公司运营中的税务机会和价值，提供有竞争力的税务解决方案，确保税务安全与合规运营，对盈利能力及税务现金流作出贡献。要以不同的税务遵从策略，应对税务风险的不确定性，营造良好的营商环境。

经线要"三懂":懂战略、懂专业、懂业务(排序有先后)。

懂战略才能承接公司战略,保障战略落地;懂专业才能提供高质量财务信息和解决方案,支撑决策;懂业务才能制定与业务相适配的财务政策,为业务保驾护航。

经线要面向未来,能够不断适应内外部环境的变化,依托财务管理前沿理论,不断跟随战略、动态调整。

财务管理体系的良好运转,既需要"全科医生",也需要"专科医生"。

"专科医生"是经线,是能力中心,要在垂直领域纵向精深;"全科医生"是纬线,是贴近业务服务的BP(Business Partner,业务伙伴),要横向协同各部门,实现合纵。

2. 纬线:横向协同

何为纬线?

纬线就是各BP,如产品线财经、区域财经、销售财经等作战组织的伙伴。纬线要融入项目,融入业务,夯实基础,横纵协同。

纬线需要左右开弓,服务业务、防控风险。以作战需求为中心,提供集成解决方案;融控制于业务,守住风险底线,发现风险要举手。

纬线要能够服务业务,创造价值。纬线创造价值,体现在业务组织的财务指标上。

如何用财务工具助力业绩增长?如何通过财务手段提升运营资产效率?如何实现盈利增长和盈利能力提升?如何保障正向现金流,支撑业务的规模增长?如何达成有收入的订货、有利润的收入、有现金流的利润?

财务纬线要能够根据业务的特点和需求提供财经综合解决方案,构筑从机会到变现的端到端全流程解决方案能力,支撑一线打胜仗。

纬线要能够防控风险,合规运营。

首先要清楚可能存在的风险有哪些,有识别风险的能力,这既需要熟悉业务的运作模式和流程,又需要有足够的专业知识判断风险,及时发现漏洞,并倒逼业务改进,实现有效增长 + 风险控制。

纬线要"三懂"：懂业务、懂专业、懂战略（排序有先后）。

懂业务才能融入业务，发现机会点，为业务增长踩油门，支撑业务的财务目标实现。懂专业才能以财务的专业视角看业务，提出财务专业意见，同时识别风险点，及时点刹车，控制风险。懂战略才能平衡扩张与控制，效率与效益，在风险可控的基础上"多打粮食"。

纬线要面向业务、面向客户。以客户为中心，及时响应业务，融入业务事前、事中、事后全流程，持续为业务优化赋能。

纬线作为贴近一线的 BP 组织，主要对风险的把控和效益负责，支撑业务打胜仗。

世界一流的财务管理体系，要想更好地发挥价值，不仅需要经线、纬线，还应当配备高效、标准化的共享组织。

3. 共享组织：标准高效

何为共享？共享即相似业务的集合。共享组织包括账务共享中心、税务共享中心等。

共享组织的建设，其首要目的不是降低成本，而是建立专业、标准、高效的流程，推行流程管理。不仅要具有服务功能，更要起到监督作用，监控重于服务，监控融于服务，做好大坝，守住底线。坚持在流程中实行全面监控，敢于揭露问题并推动改进。

共享组织还应当保持独立性。何为独立性？不唯上，不唯书，只唯实。从业务的实质出发，建立流程、制定标准、审视业务、反馈结果。

成熟的共享组织不仅能够专业、标准、高效地处理业务，还能为各层级、各业务单元及时反馈信息，为经营分析、经营决策提供有力的参考。

共享组织要"三懂"：懂专业、懂业务、懂战略（排序有先后）。

懂专业才能建立标准化制度、流程、系统，根据具体业务及时、准确、高效、专业地确认、计量、记录和报告，真实、完整地反映财务状况和经营成果，支撑决策。懂业务才能在流程中监控业务，确保业务合规。懂战略才能让流程的"河沟"更好地承接"云""雨"。

共享组织要数智化。积极探索财务数字化、智能化之路，拓宽共享边界，实现单领域向多领域、财务处理中心向企业数据中心的转型。

共享组织作为主要面对确定性业务的组织，要对作业效率负责。

二、如何打造世界一流的财务管理体系

打造世界一流的财务管理体系，需要推动财务体系的理念变革、组织变革、机制变革和功能变革，这离不开以下"五大保障"。

- ▶ 文化保障：有追求。
- ▶ 组织保障：配组织。
- ▶ 流程保障：建流程。
- ▶ 人力保障：勤赋能。
- ▶ 绩效保障：激活力。

五大保障全方位支持经线、纬线及共享组织，推动财务体系迈向一流。

1. 有追求：长期有效增长

公司经营的目的是什么？其实就六个字：长期有效增长。

首先要增长。增长来自哪里？来自扩张。扩张不能无序。所以，要平衡扩张与控制的关系。扩张来自什么？机会。查理·芒格说，捕鱼的第一条原则是什么？到有鱼的地方捕鱼。有鱼的地方就有机会。

公司经营应当有创业思维。机会优先于成本，业务要导向扩张。以业务为中心，而不能过于以财务指标为纲。譬如 IBM，自 2002 年郭士纳退休后、彭明盛任 CEO 起，过于追求以 EPS（每股收益）为纲，结果是过于短视，导致了萎缩，而不是扩张。

其次是控制。控制首先在于财务、人力资源这两个大坝。

人和财是什么？是长江、黄河的两道大堤。大堤中间流的是水，从上游到下游，周而复始，循环流动，这就是公司的业务，航道就是流程。这个过程中，业务为主导，财经为监督。业务导向扩张，财务要适当地控制。

控制要以规则的确定性来应对结果的不确定。"一切皆流，

一切皆变"，客户在变，客户的需求在变，外部的政策环境也在变，不变的是什么？不变的是我们财务核算的规则等政策。要通过变革来固化、优化流程，让流程通过后台的高效运作来协同，降低内卷。让一线能对不确定性进行风险的把控，实现效益的提升。

世界一流的财务管理体系，应以长期有效增长为追求，将财务管理的定位从记账的老会计、账房先生，真正转型为价值整合者。转换定位，转变理念，构建文化保障。

2. 配组织：三个面向的组织

如何构建高效的财务组织？我们总结为三个面向的财经支柱。第一个支柱即经线——COE，财经能力中心，在集团层面行使职能，比如经营管理、账务、资金税务、融资等。

第二个支柱是业务伙伴——BP。BP 要懂业务，在一线成为业务的伙伴，整合一线的价值，提供集成财经综合解决方案，比如合同的财经评审意见。

第三个支柱即共享中心——SSC。不仅账务可共享，税务、资金等亦可。通过建立专业、标准、高效的标准化流程，融监控于服务。

> 建立三个面向的财务组织，才能更好地倾听一线炮火，更加专业地为一线提供炮火支援，为业务打胜仗提供财务的组织保障。

何为三个面向？一是面向业务，二是面向客户，三是面向一线。比如在制定政策的时候要考虑资源配置规则。规则以什么为标准？我们要看符不符合业务实际，符不符合客户需求，符不符合一线场景。建立三个面向的财务组织，才能更好地倾听一线炮火，更加专业地为一线提供炮火支援，为业务打胜仗提供财务的组织保障。

3. 建流程：嵌入业务流程

财务组织要发挥更大的价值，需要将能力构筑在流程上，将自身嵌入业务流程，在流程中发挥专业价值，形成财务管理体系的平台能力。

现实情况中，业务往往想绕开财务，财务不在流程之中。而财务是愿意融入业务、一起打胜仗的。所以，财务要嵌入业务流程中。

比如在IPD（集成产品开发）流程中，从概念立项到产品的研究、设计、开发到最后制造上市、退市，整个产品的全生命周期中，财务要参与。从初步财务评估到目标成本的分解，到优化财务评估、跟踪目标成本，财务需要全流程嵌入，这就叫流程融入。

再比如在LTC（线索到回款）主流程中，财经需要评估机会点财务需求，提供财经"产品"，财经解决方案最终体现在合同条款中。要经过财经专业评审，提供财经解决方案与财经专业评审意见，对财经专业要素进行量化，并输入给项目概算。

4. 勤赋能：训战结合分层赋能

组织的运作，流程的运行，业务的参与，归根结底是人员在做。世界一流的财务管理体系，不仅需要组织和流程的保障，更需要财务人员素质的提升。

在和企业交流时，我发现，很多员工抱怨企业没有培训，但是真的启动培训时，又会出现出勤率低的情况。那该如何为财务人员赋能呢？

第一是训战结合，一边训练、一边实战，训战结合三部曲：自我认知、建立认知、巩固认知。

第一步是自我认知，通过案例导入，形成自我认知；第二步是自我认知之后，老师来给你上课，建立认知，即训战结合的"训"；第三步是巩固认知，这是训战结合的"战"。上完课，训练完成后要到一线去打仗，实战，然后写总结，复盘。这叫训战结合。

第二是分层赋能。根据不同的核心能力，组织不同的培训赋能，对于不同的维度，经线、纬线和共享组织，能力需求不同，懂战略、懂专业、懂业务的"三懂"顺序也不同，需要根据各维度的特点分层分重点赋能。

管理干部更多的是要提高战略思维能力，提高节奏把握能力。对高层干部，要通过学习管理哲学来提升战略思维能力，财务专业线更多地需要提升专业能力，财经BP则更需要懂业务。

训战结合，分层赋能，构筑组织能力，为建设世界一流的财务管理体系提供人力保障。

5.激活力：利出一孔才能力出一孔

激活力，就是要考虑如何激励，如何价值分配。财务部门如何激励？奖金是按劳分配、按价值创造分配，还是按哭闹分配？

第一，财务干部跟业务干部工资要拉齐，同样的职级应当有同样的工资水平。

第二，奖金按价值贡献分配。价值贡献如何衡量？一是看整个公司整体的效益，二是部门组织的效益，三是个人的绩效。通过公司、部门与个人三级的价值评价，对个人的价值贡献进行衡量。

同时还应当有一些非物质激励。非物质激励要有仪式感。

"只能架起锅子煮白米，不能架起锅子煮道理"。饼画得再大，终究是饼，也不如一个公平合理的价值分配机制。

任正非说一把手有三件事，陪客户吃饭、排兵布阵、分好钱。

其中，分好钱，就是指激活力。

通过分层分级分类别的绩效政策，个人的利益与组织的效益相挂钩，实现真正的利出一孔。只有真正的利出一孔，才能实现力出一孔，激发组织活力，充分发挥个人的主观能动性，形成组织合力，最终建立起一流的财务管理体系。

资金作为经线和纬线管理的核心内容，是财务管理不可或缺的一环。本书以资金管理为主线，围绕中长期的资本架构、短期的现金流管理，辅之以华为和其他上市公司真实案例，希望对广大读者朋友有所裨益（本书正在出版进程中，敬请期待。——编者注）

攀峰之高险，岂有崖颠；搏海之明辉，何来彼岸！经营的道路不会铺满鲜花。学习标杆，持续磨砺，就能抵达心中的彼岸！

正所谓：

春秋有高论，东西著大成。

经纬贵有数，共享赋效能。

起承云雨处，业财两怡融。

一流震寰宇，知行业绩升。🆔

企业组织如何孕育企业家精神

■ 作者 | 陈明 华夏基石产业服务集团创始合伙人，副总裁

这是一个呼唤企业家精神的时代！

——在未来较长的时间里，中美之间明争暗斗"不断"。"树欲静而风不止"。中国必须丢掉幻想，准备战斗。中国发展不能被美国"牵着走"，中国必须走"独立自主"发展模式，这是中国共产党历经百年而不衰所带给我们的重大启示。这是中国企业家面临的最大的世界政治环境。中国企业要适应这种大环境，需要创新，需要企业家精神。

——在技术的浪潮冲击下，全球贫富差距扩大了，中国共产党领导的社会主义中国从"让一部分人先富起来"的政策逐步把重点放在"共同富裕"上。换一句话讲，如何把中国出现的贫富差距缩小、中产阶级下移等社会问题变成商业机会，这需要创新，需要企业家精神。

——中国改革进入深水区，转变发展方式刻不容缓，同时叠加了中美对抗、全球大疫，使中国经济发展遇到前所未有的挑战，在这个复杂的环境中，如何适应环境？如何顽强地活下来，并取得逆势成长？如何在危机中见机？需要创新，需要企业家精神。

企业家精神欠缺也制约了企业自身的生存与发展。

——很多企业在布局新业务、新赛道或启动新的增长引擎（第二增长曲线）的时候，效果不好，或迟迟打不开新局面，贻误"战机"。尽管原因很多，但大多数的原因还是企业缺乏极具企业家精神的人才。

——企业内部变革转型，甚至包括平台能力发育，都需要

发挥企业家精神，需要创新，需要具有企业家精神的人才才能胜任。很多企业做不大的一个主要原因就是企业自始至终只有老板一个人具有企业家精神，没能培养出一批具有企业家精神的人才（俗称准企业家团队）。

现在很多企业都开始重视干部队伍打造，甚至为此不惜代价。重视干部队伍打造固然不错，但更加重视的应该是具有企业家精神的人才。现在绝大多数企业弥足珍贵的是企业家精神，极度稀缺的是企业家精神的人才。

然而，对企业来讲，企业家精神并不是"等、靠、要"得来的，这个世界没有救世主，每个企业必须自身能孕育出企业家精神。

当然，企业家精神不仅存在于商业机构里，它也可以存在于不同类型的组织中，本文主要从企业的角度，试图系统阐述在一个企业中如何孕育企业家精神。

一、在"财疏"的情况下实现"志大"

企业家精神很难有一个统一的概念定义，但企业家精神从本质上讲是一种实践，因此我们或许可以从企业家的一些表现中，提炼总结出企业家精神。

比如，火锅行业在中国是个古老的行业，但开个火锅店还不能称为具有企业家精神，海底捞火锅的创始人张勇就不一样了，他把大家都比较熟悉的火锅小店，做成一个面向全球的大企业。他的火锅店本身并没有什么新奇的东西，但张勇把一种"技术"引入了海底捞，这个"技术"就是管理。海底捞创造价值，提升资源产出，创造出了一个全球火锅市场和客户群。海底捞公司的成功无疑体现了企业家精神，张勇本人极具企业家精神。社会上还有很多司空见惯的东西，如果导入管理，都可以成就一番大业，但需要企业家精神。

苹果手机真正开创了智能手机产业，但因为定位高端，价格昂贵，只有一部分人才能用得起，当时智能手机市场存在巨大的空白。而雷军创办的小米公司就从中低端切入市场，提供极具性价比的智能手机，填补市场空白。小米公司创造了一个中低端市场，也创造了一个庞大的中低端手机用户群，这肯定也是企业家精神的表现。

任正非及华为公司，从"无资金、无技术、无人才"的"三无"企业做成一个世界级优秀企业，华为的成长史就是一部"企业家精神史"。

我们再从另外一个角度来看看哪些表现不具有企业家精神。比如，按部就班，规规矩矩，不敢越"雷池"一步；"有多少米，就裹多少粽子"；任何时候首先想到的是"不能犯错误"，但没人关心成果；总是习惯只"看到"事情做不成的一面，很少从如何成事的角度思考问题等行为，都是不具有企业家精神。

> 企业家精神并不是'等、靠、要'得来的，这个世界没有救世主，每个企业必须自身能孕育出企业家精神。

企业从本质上讲是一个财富创造器，把社会资源委托给企业，其实就是想让"不值钱的东西变成值钱的东西"，也是想让财富增值，这是企业最大的社会责任。如果仅从物理层面来考虑，任何东西转化效率不会超过100%。所以一个企业最重要的是必须超越"物理层面"，进入"精神层面"，这个"精神层面"实际上就是脑力、智慧、信念等的综合，而这就是企业家精神。所以企业家精神必须表现为"创造或增值"，具体一点说，创造一个客户群体或市场（从需求端来说），或提高产出（从供给端来说），总之必须带来改变，按照德鲁克的观点来说，企业家精神必须伴随着创新，从而带来价值观改变。

早期华为公司内部对"企业家精神"有个描述——面对机会，不顾手上资源，奋力拼搏。企业家精神可以"突破约束"。只要"志大"或"心大"，资源任何时候都是不够的，但要成事，必须靠企业家精神突破现实的约束。企业家精神就是要在"财疏"的情况下实现"志大"。

综上所述，我理解企业家精神的内涵就是能突破现实约束，通过精神（智慧）去创新创造，从而带来改变，改变价值观（对事物认识）。视变化为机会，拥抱变革。

二、着眼于机遇而不是问题

任何企业的发展壮大必须建立在把握机遇的基础上，乘势而上。

我们要杜绝机会主义，但不能杜绝机会。何为机会主义？就是什么赚钱做什么，随波逐流。何为机会？就是企业成长的空间在哪里。既然是机会，就意味着有所取舍，聚焦机会，实现机会最大化。

企业发展首先靠机会牵引，然后在机会窗内构建能力（把产业创造价值的要素高效组织起来的能力），通过能力可以把握更大的机会，并能创造出更多的机会，形成机会与能力交替前行。企业在一个阶段主要通过机会牵引自身的发展，在发展的过程中构建能力，在另一个阶段又靠不断提升的能力助推企业发展，形成良性发展态势。只靠机会牵引，没有相应的能力建设，企业发展不了太大的规模，因为随着规模增大，企业风险也会大增。没有能力建设，其实企业也很难把握更大的机会。

在实践中，我们发现很多企业对问题倾注很多精力和资源，总是被问题牵着走。殊不知，问题一般是带来不了机会的，问题的解决只是恢复正常。一个企业必须养成关注机会的习惯。

笔者发现，在定期举行的经营分析会上，很多企业对那些没有完成的业绩指标特别关注，深刻分析其没有达标的原因，并找到下一步的解决方案，但往往会忽视那些出乎意料的指标。不论是出乎意料的好，还是出乎意料的坏；不论是关乎自己还是关乎友商，出乎意料往往揭示着机会的出现，企业决策层一定要加大对出乎意料的地方的关注。

具有企业家精神的企业一定要关注机会。资源和优质人才一定会向机会倾斜。一定要聚焦机会，为机会配好资源，配足资源，实现机会最大化。思考经营问题的时候，首先考虑的是机会在哪里？增长的空间在哪里？根据机会大小和分布，企业如何配置？

一些卓越企业的做法值得借鉴，每次经营分析会的时候，出具两份报告，一份机会分析报告，另一份问题分析报告。有的企业每年举行一次创新大会，专门讲机会和创新，这个创新不仅仅是技术和产品创新，更重要的是市场、管理等方面的创新。有的企业设有专门的产业、客户及友商研究团队，分析机会在哪里？如何布局产能和产品线？以什么节奏来布局？资源如何保障？

此外，企业的决策层一定要有这样一种思维方式，善于发现"危"中蕴含的"机"，善于把"坏事"变"好事"。这个方面，华为公司是高手，当年思科起诉华为的时候，华为不惜代价聘请了美国一流的律师团队与思科打官司，正是通过这场官司，使全世界都知道有华为这个品牌。

正如克劳塞维茨在《战争论》中所说，面对战争中的不可预见性，优秀的指挥员必备两大要素：第一，即便在最黑暗的时刻，也具有能够发现一线微光的慧眼；第二，敢于跟随这一线微光前进。

这就是一种企业家精神。

三、为未来而战，善于放弃

得失得失，有得必有失。任何企业的管理者、资源、资金、时间等都是有限的，要想发展企业必须有所取舍。这个道理很浅显，但在实践中却被人屡屡忽略。不仅中小企业要学会先做"减法"，大企业的发展也得有取舍，选择大于努力。

企业发展为什么先要放弃？放弃的本质是把资源释放出来，尤其是把优质人力资源释放出来。

任何产品和服务都有生命周期。一些优秀企业的做法是每年都要对自己的产品／服务做"透视和体检"，结合产业、市场、客户、友商等方面，判断自己的产品／服务处于什么阶段，哪些需要放弃，哪些需要加大投入，哪些需要优化投入资源质量（尤其是指人力资源的质量）等。对那些需要放弃的产品，如果不能马上放弃的，需要有一个如何"撤退"及时止损的计划。

举个例子，某个客户是做连锁宾馆的，他们投资中有一条规则称为"及时撤退原则"，某个新开的宾馆大概经过多长时间仍不见起色的话（这个时间段是和业主谈的，试租金较低，如果超过这个时间段，租金可以适当上涨一点，尽量控制好经营风险），就要及时组织"撤退"了，这也是符合经济学中的"沉没成本"的做法。

有记者问过任正非本人有什么特点？任正非回答说自己是一个面向未来的乐观主义者。**面向未来，一定要为未来而战。**

企业活下来之后，需要跨时空配置资源，也就是为未来而战，尤其投资更需要为未来而投入。视变化为机遇，积极拥抱变化。很多企业在企业核心价值观中突出变革的重要性，拥抱变革，比如，三星、阿里巴巴等公司的企业文化均非常突出变革。

很多企业的投资都围绕别人"屁股后面转"，把别人不要的东西，接过来，把自己变成一个"接盘侠"。这些都不是一个很好的投资理念，除非这其中机会巨大。

高管的职责是用人、做决策、创造环境。

也有的企业决策层比较"执着"，非要"在哪里跌倒，就在哪里爬起来"，总是执着于过去，为自己的"名誉"而战，为自己的"不甘心"而战。时过境迁，当初的"不甘心"放在现在的时间段来说，已变得没有意义了，风口一过去，就没有多少产业机会了。

微软公司转型堪称经典案例，当它错过智能手机风口后，很多人对"官僚、僵化"的微软公司不看好，但自纳德拉上任，积极布局未来，发力云计算等，又一次"刷新"微软，其现已成为全球少数市场超过一万亿美元的公司。

四、重要决策一定要有复盘机制

笔者曾服务过的一家企业，他们有个做法是：详细记录一些重大决策讨论过程。这是一个有关什么的决策？决策依据是什么？目的是什么？同时把核心团队的每个人发言做一个详细的记录，甚至进行录像。这些资料作为日后复盘的参考。比如，公司要投资一个项目，实际要讨论的问题主要是为什么要投？投资的目的是什么？这就涉及投资的设想和愿望。记录每个人的发言，经过一段时间，再回头看，验证现实与当初的设想、愿望的差异，识别出这其中的机会与问题，并以此采取行动。这个企业后来更进了一步，建立了基于这种复盘的奖励制度，如果谁的设想、判断与现实相符，那就对这些人进行肯定和奖励。

有的企业甚至把重要人员晋升和破格晋升作为一个重大决策，建立起人事复盘制度。他们为何而晋升？决策层每人都要对此进行阐述并记录。事后（一年或两年）再对这些晋升者进行绩效评价，与当初的晋升依据进行比对，提升公司的人事决策水平。如果你的推荐无法得到验证，当初的推荐人是要担责的。

当然，这种复盘机制，确实需要花费很多精力，不建议企业过多地、普遍地采取这种方式，而是要选择少数且重要的决策，投入较多精力，这样做对企业孕育企业家精神是值得的。

五、要在新业务中出人才，组织设计很关键

笔者服务过一些企业，发现这些企业的新业务始终发育得不是很好，也出不了人才，白白贻误"战机"，主要原因之一，就是组织设计上有问题。

新业务在组织设计中不要和相对成熟的业务混在一起。因为新老业务的状态不一样，它们的管理方式是不同的。比如，老业务运行相对成熟，一般可以采取 KPI 进行考核。新业务不太成熟，没有定型，其考核方式可以采取关键事件法等。

新业务的人员最好也要和成熟业务的人分开，因为面临的任务不同、做事方式不同，考核方式也应该不同，这实际上是比较复杂的。有的企业试图通过高提成的方式，牵引一个在老业务上成功的人去做新业务，实际上不太管用。因为当一个人面临两种选择的时候，他通常的做法是选择比较容易做的，或者比较容易出绩效的方式。

另外，新业务在组织设计中应该放在比较高的层次上，直接归一把手管或至少直接向高层汇报，这位高层最好只管新业务。新业务需要的信任关系和快速反应，需要一个发育过程，经过比较长时间后才能发挥作用，贡献业绩。新业务都没有成形，定性多、定量少，自然不能纳入正常运营体系中，因此承担发育新业务的

团队需要的是上级的信任和支持。

还有，新业务刚开始的时候比较"弱小"，是个"丑小鸭"，加上一些人看不懂，难免让人议论纷纷，说它们花钱太多了或对它们充满质疑。其实这是一种压力，没有一把手的力排众议，新业务夭折的可能性大增。

快速反应对新业务成长也很重要。如果一个高层既管短期利益又管长期利益，那么这位高层总是排不出时间听取有关新业务的汇报，导致很多决策无法及时做出，耽误了新业务的成长。很多新业务成长不顺，其中一个主要原因是新业务刚开始需要涉及很多部门协调，很多资源不在新业务部门，不能形成自我闭环。这种情况导致决策非常慢，也不利于新业务的成长。

比较有经验的专家通过看一家企业的组织结构，就能判断这个企业创新做得如何。一家企业有无企业家精神，必须在组织结构上能相对清晰地看出哪些是成熟业务，哪些是创新业务，并基本能判断创新业务能不能做成。

组织架构的设计过于细分，造成综合岗位偏少，也不利于综合人才的打造。很多企业组织结构、流程非常精密，反而产生不了综合人才，而这些人才将来很可能就是具有企业家精神的人才。

六、评价与激励机制的影响

评价与激励对企业家精神孕育的影响有哪些？

绝大多数企业激励机制设计的背后逻辑是业绩导向，业绩高获取报酬就高。新业务或创新的项目一般需要"沉寂"几年，有的甚至"板凳要坐十年冷"。此时一个很现实的问题是承担创新责任团队的薪酬如何计算？

优秀企业的做法是，先要保证承担创新工作的人的工资达到一个平均水平，然后采取"追溯制"，如果这个创新项目获得市场效益，那么创新团队需要分享一定期限的市场效益。一旦创新项目独立出来，创新项目的团队就可以独立出来，进行专门化运作。这个本身也是一种激励。

很多企业比较喜欢用人均效率、提成等来考核，这就会导致企业不愿意多招人，因为人招多了，影响指标达标。企业一定要在市场大势来临或自己增速比较快的时候多招一点人，否则等到机会来的时候，会因为没有人而把握不住机会。内部也因为人才过于"紧绷"而导致机制弱化。尤其遇到经济处于下行周期的时候，很多企业往往裁撤研发人员或砍掉一些暂时获利无望的产品线，当经济反转、那些产品大卖的时候，往往手上没牌了。

据说，每次经济危机对华为来说都是机会，他们往往把招聘公司设在竞争对手楼下的咖啡馆里，你裁撤的人我都要，等到经济景气的时候，原本不赚钱的产品开始大卖的时候，华为就能踩在节奏上，竞争对手为了报表的数据把人裁撤了，把资产剥离了，这一来一回，就拉开了差距。据统计，在经济危机的时候，家族企业往往表现得比职业经理人经营的企业好，也是这个道理。

> 企业必须时刻重视与未来发展有关的部分，比如人才投入，需要采取单独考核，对创新业务选择适合创新特点的管理方法。

企业必须时刻重视与未来发展有关的部分，比如人才投入，需要采取单独考核，对创新业务选择适合创新特点的管理方法。

七、坚持用人之长，不求全责备

很多企业喜欢从外面招人来帮助创业或做 CEO，这种企业基本上都是有问题的。经营性人才至少要和你企业磨合5~7年，否则文化融合是个大问题，和老板的信任度也是问题。一般一个业务正在0~1阶段的时候，团队成员关键在于质量而不在于数量，领头的人要具有企业家精神。

具有企业家精神的人才如何在企业里被挖掘和识别出来？这是企业管理实践中难度比较大的问题，绝大多数企业解决不好。

笔者近距离观察过一些著名企业家，他们在人才识别和挖掘方面非常有经验。有一个共性就是，他们都认同优点突出的人往往缺点也很突出，用人之长，就是让人的缺点少发挥"作用"。他们认为制度管的是"乖孩子"，他们最大的特点是没有什么缺点，但优点也不明显，比较平均。笔者大胆建议，一把手的精力要多放在那些和制度起冲突的人或总是要被制度"干掉的人"身上。这些"边缘人"中往往有"大鱼"，有时候甚至连他们自己都不知道自己是一条"大鱼"。

一些卓越企业家就非常关注自己企业中的"刺头"或"不走寻常路"的人，这些人只要品行上没有问题，行事风格不需要整齐划一，团队中成员的多样性反而有利于创新，有利于企业家精神的孕育。在企业的危急关头往往是那些"刺头"或"不走寻常路"的人救了企业。

真正具有企业家精神的人才往往是一个复杂的矛盾综合体，比如，既有铁血的一面，又有柔情的一面，只是适用的场景不一样，这种人能自由切换，没有违和感。如果一个人太"清澈"，一眼能看到底的话，可能就会显得器量不够。一个道德上有洁癖的人或纯粹的人，反而不适合做一把手。一把手必须懂得妥协，懂得灰度，团结一切可以团结的人。

还有一点非常重要，一般人才走"之"字形，杰出人才一般要走"火箭"形，"之"字形人才按部就班上来后，棱角都磨平了，变得四平八稳。"火箭"形人才走的是破格提拔制。一些优秀企业内部都有一套"破格提拔"制度。

内部的良性竞争机制也很重要，如果你干不好，始终有人等着替换你。业内有人把美的集团称为中国企业中"出产"企业家精神人才最多的地方，正是因为美的实行的是事业部制和人才竞争机制，高绩效、高压力、高回报，干不好就被替换掉，干好了就分拆出去独立……这样培养出了一支能打善战的干部队伍和准企业家人才。

八、处理好英雄与英雄主义的悖论

创业阶段，企业需要"英雄主义"，靠一两个能人带着"小伙伴"们向前冲，先活下来，随着规模增大以后，企业需要发育系统能力，建立组织化的能力。组织化能力从本质上讲，是不依赖人的能力，谁来干都行，每个人从理论上讲都可以替换，但对公司发展影响不大。当然这是理想状态。

从依赖英雄到依赖"凡人",这是一个组织化的过程。但组织发展到一定阶段后,又要主动打破这一点,要呼唤英雄主义,从依赖英雄主义到不依赖英雄主义,再到呼唤英雄主义。引用马克思哲学术语来说,这是一个"螺旋上升"的过程。没有英雄主义,新业务或开疆拓土的事情没有人能承担起来,这对组织发展来说是极为不利的。

这在管理学中就是一个矛盾,既要求建立标准管理流程体系,但往往那些流程非常完善、管理精细化、信息化程度高的公司不容易产生企业家精神,新业务始终发育不出来,一旦环境发生变化了,就会出现不适应,还有可能最先被变化打败。

企业在文化建设中,也不能强调文化大一统。企业文化也有"战略预备队"一说,尤其是处于变革期时。真正适应性强的文化是"和而不同"。企业中要包容一些边缘文化,企业需要底线思维,让主流文化和边缘文化共存,关键的时候,边缘文化说不定能救企业。

这是一个变革的时代,全社会的各类组织都要呼唤企业家精神,企业更需要有企业家精神的人才,一个卓越的企业必须始终能孕育出"浓浓"的"企业家精神",必须使企业内部的"企业家精神"生生不息。

以上总结的八条在企业内孕育企业家精神的做法,希望能对企业实务界的朋友有所帮助。

案例

CHINA STONE ▶▶

　　虽然保利集团人力资本经营框架体系在某种意义上还不是很成熟，但是他们的创新意识，是非常值得敬佩和期待的。保利能做这么一个框架，在快速行动之中不断迭代，这就是中国原创的人力资源管理，这个东西国际上没有，就大胆去实践，在实践过程中迭代，最后可能就形成了中国人自己的人力资本经营理论，这就是对世界最大的贡献。

——彭剑锋

如何在一家超大型的业务多元、机构众多的集团化企业中，形成同一方向、一致共识的人力资源管理理念？如何使已经规范成熟的人力资源工作更进一步？如何更大限度调动人才活力，促进企业的持续发展？这是保利集团的人力资源管理工作在时代节点上面临的挑战与问题，也是华夏基石咨询研究团队试图解决的问题。2022 年，由华夏基石集团副总裁张小峰带队为保利集团提供咨询服务，帮助保利集团做了人力资本管理架构的升级，2023 年 4 月 6 日，保利集团公开发布了保利集团 IPO 人力资本管理架构，被誉为在下一个时代、数字时代人力资本典型的企业实践。

为总结标杆企业的优秀做法，华夏基石集团特召开了内部研讨会，以"方桌论道"的方式专题解析与探讨保利集团的实践及其给中国企业人力资源管理的启示。以下内容为研讨会主要内容。

华夏基石方桌论道

主持人：张小峰　　华夏基石管理咨询集团副总裁

嘉宾（按发言顺序）：
吴婷婷　华夏基石管理咨询高级合伙人
郭　伟　华夏基石管理咨询集团副总裁、首席人力资源专家，华夏基石首席人才官 CHO 训战导师
徐继军　华夏基石管理咨询集团副总裁、高级合伙人，华沣管理研究院院长
彭剑锋　中国人民大学劳动人事学院教授、博士生导师，华夏基石管理咨询集团董事长

保利集团人力资源管理体系建设纲要介绍

■ 作者 | 吴婷婷

　　保利集团是国务院国资委直接管理的大型央企，成立了 30 多年，目前已成为一家业务涵盖衣食住行和精神文化生活等多方面、多元化的集团企业。保利集团在 2022 年财富世界 500 强当中位列 181 位，11 次获得国资委业绩考核 A 级，拥有 13 家主要二级子公司和 6 家控股上市公司，目前的员工总人数达 11 万人。

　　如何在一家超大型的业务多元、机构众多的集团化企业中形成同一方向、一致共识的人力资源管理理念？如何使已经规范成熟的人力资源工作进一步聚焦战略？如何更大限度调动人才活力，促进企业的持续发展？这些问题都是本纲要需要回答的命题。本次的研究当中引进了一些前沿的理念，对标了最优的实践，以保利的实际需要为依据构建了一套体系，核心是围绕着人力资本经营来优化人力资源的理念体系、制度体系，以指导实践工作。

　　整个纲要包括四个部分：一是背景和意义，梳理了人力资源的发展史，对保利集团人力资源工作过去的成功经验作了一定的总结；二是人力资源管理体系建设纲要的架构设计，主要是对于顶层设计、原则和理念进行了明确；三是保利集团未来人力资源工作的整体理念体系的主要内容，这是整个纲要的核心部分；四是对未来如何实施这个理念体系做了详尽的规划（见图 1）。

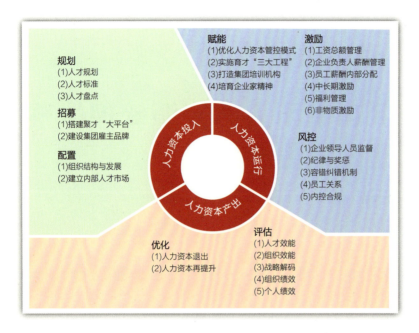

图1 人力资本经营规划与实践内容

第一部分：人力资本经营是时代需要、形势所趋、改革所向

人力资源管理从诞生之初到目前为止，大体上可以分成四个发展阶段，第一阶段是人事管理阶段；第二阶段是人力资源管理阶段；第三阶段是战略人力资源管理阶段；当前很多先进的高科技互联网企业可以说步入了第四阶段，即人力资本的管理阶段。

人力资本经营作为保利此次提出的面向未来的人力资源管理的核心理念，实际上是20世纪60年代美国经济学家西奥多·舒尔茨首次提出的理论，人力资本是蕴含在人身上，并且能够在企业经营中产生经济价值的知识、技能和能力。人力资本和物质、货币资本相比，具有更大的增值性，也就是说只要能够有效地投资，人力资本就能够持续增值，获得高于其他生产要素的投资回报率。人力资本的时代可以说是人力资源管理的一个比较超前的，比较先进的发展阶段。

人力资本经营是时代需要，同时也是形势所需。保利集团响应中央建设世界一流企业的号召，这个工作是全局性、战略性、统领性的重大任务，在这个任务的统领之下，有没有一流的人才，有没有一流的人才管理机制，人才的活力有没有得到充分的激发，是他们所面临的一个现实需要，同时也是国企改革的核心问题。

近年来，随着国务院出台了"1+N"政策体系，国企改革三年行动等政策的深入推进，国企一直在围绕着人才活力的激发不断深化改革。面向未来要继续改革，通过改革释放红利，就需要调动全要素生产力，尤其是发挥劳动和管理等人力资本要素的作用。

第二部分："投入、过程、产出"是人力资本经营的主线

保利集团人力资本经营体系可以用一个公式来表达，"1=3+X"，"1"是纲要，"3+X"是在这个纲要的统领下更加细化的工作，包括人才体系、薪酬体系、用工体系和若干的专项工程。"1=3+X"这样一个体系统领集团这么多子企业人力资源管理工作。

人力资本经营围绕着经营这个主线引入了"投入、过程、产出"这样一个模型，IPO 这个关键词就是三个英文单词的首字母，Input-Process-Output。这个模型的内涵是要把人力资本当成其他生产要素一样做经营，要以结果的最大化为目标来研究投入、过程和产出三者之间的关系，在结果最大化的导向之下，去刺激投入、运行、产出各个环节来循环提升。这样就跟过去的人力资源理念有所变化了，现在要更加注重投资回报率，实现人力资本全生命周期的管理。IPO 是围绕着经营按照投入、运行、产出的逻辑重新划分，投入环节包括规划、招募和配置三大模块，运行环节包括赋能、激励和风控三大模块，产出环节包括评估和优化两大模块。

投入是前提，人力资本既然作为一种资本，资本的特征是要有增值性，所以只有投入最有潜力、最具生产力的领域，才能够产生最大的回报。人力资本的投入也是一样，过去可能只管投入不问回报，只管现在不管将来，只管配置不管匹配，是粗放式的投入，以后就要更加精准投入，有前瞻性的规划、超

前的配置，配置到合适的人力资本以后，还要动态匹配，实现精准投入。这是整个投入的逻辑。

从运行的逻辑来说，对人才的保有不是企业的核心竞争力，人才的管理机制才是企业的核心竞争力。所以经营的重要内容也是在于如何运营人力资本，在运行的过程中包含了几个二级模块，首先要对人力资本进行赋能，提升他们创造价值的能力；其次要进行激励，发挥他们的积极性；最后还要激励和约束并重，将资本的风控引入人力资源管理当中来，使人才在合规的方向下通过合规的方式创造价值。这是运行，就是说对人力资本的管理中也要把资本的经营带入进来。

高效的产出是最终的追求，通过对人力资本、价值创造结果的评估，反过来去平衡好几对关系。一是人力资本和财务资本在最终资本分配中的关系；二是当期的分配和长期扩大再生产的关系；三是人力资本要有一定的稳定性，同时还要提升；等等。在最终的结果产出环节做到平衡和优化，以结果产出为最终的闭环落脚点，反过来进一步优化投入，优化运行来实现不断的、更高的结果产出。

人力资本架构的第二个部分，可以说是整个纲要的顶层设计。

第三部分：使人力资本经营形成一个完整的闭环

纲要在主体部分对于投入、过程、产出里面的各个子模块进行了进一步细化。

（一）人力资本投入阶段

第一个模块是规划。以人才规划为例，各级企业在投入人力资本、规划人才数量的时候，凡投入必须规划，凡投入必须问产出，而且要以投资回报率作为一个基准的要求，再来看是否要投入。主要任务是要形成长期的人才规划，形成中短期的人才配置的计划。实施路径包括，对于主体的员工队伍，规划发展通道，提出能力要求，使他们不断地成长和提升。此外，要抓住人才当中的核心战略性、关键性人才，牵住牛鼻子，这部分人群要重点做规划，重点做培养。还要明确人才标准，以目标来引领人才规划工作，主要任务是各单位必须要明确岗位的任职资格，明确各职级的任职资格和能力标准。从人才盘点来说，各单位要通过人才盘点来盘活存量，明确增量，开展例行性的人才盘点，包括全员性和关键性人才。

第二个模块是人才招募。一是集团公司要搭建一个聚才的大平台，统筹各级子公司高层次人才引入和市场化人才引进工作，优化招聘体系，这是提出了统筹的人才招募大平台的要求。二是建设集团的雇主品牌，未来几年要建立集团统一的雇主品牌及标识系统扩大宣传，提升品牌的知名度和认可度。

第三个模块是人力资本配置。人力资本配置讲的是人岗匹配，人岗匹配的前提是组织机构、岗位设置、工作分工要科学合理。组织结构与发展必须要适应保利的定位，建立与国有资本投资公司的定位相适应的组织层级、管控模式和权责流程，优化组织机构，包括集团公司基本架构，各级公司的定位和功能，打造平台赋能型组织，等等。此外，集团化企业内部的人才板结、人才流动难都是通病，往往人岗匹配很难动态开展，为了促进人岗匹配，纲要提出后续要构建内部的人才市场，通过各单位之间的组织调配、公开竞聘、挂职锻炼、人才帮扶、借调借用、共享用工、劳务协作等多种方式实现内部的人才流动顺畅进行，增强组织的活力。

（二）"过程"是 IPO 的核心

整个 IPO 的第二个环节，即过程，是 IPO 的核心，只有高效的管理才能发挥人力资本的活力和价值创造性。

从赋能模块来说，首先要对人才进行松绑，进行授权。一是优化了整个人力资本的管控模式，集团公司、各子公司之间，人力资本在管控上的界面、流程都比较清晰和明确，优化了管控机制。二是除了授权，还要抓住人才队伍当中的核心人才、关键人才，进行重点培养，因此启动了育才的三大工程，包括企业家人才、科学家人才、技能人才三支队伍，作为人才当中的核心。三是优化了整个集团的培训机构，统筹了过去分散在各单位的培训资源，包括学习平台、师资体系、课程体系等，将这些分散的资源统筹起来为全员进行赋能。四是进一步培育企业家精神，创新创业活力在各个企业都需要进一步发育，塑造一支准企业家队伍。

从激励模块来说，其目的是使人力资本能够跟公司的利益相一致，使人力资本的活力得到充分的释放。

工资总额是一个非常重要的战略资源，保利集团传导了国资委对于工资总额分类管理的原则和导向，建立了一套以效益来决定、以效率进行调解、以水平进行调控的机制，主要的含义是工资总额首先由效益决定，不跟人头挂钩，增人不增资、减人不减资，主要跟效益挂钩。此外，企业的劳产率、人效等效率也会进一步调解工资总额（见图2）。

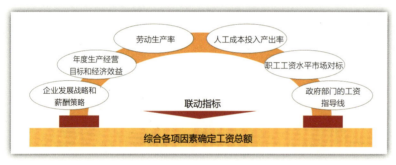

图2　综合各项因素确定工资总额

关于企业负责人的薪酬管理，过去内部企业负责人的薪酬政策性比较强，相对比较固化，后续优化的方向是差异化、精准化，业绩薪酬双对标，通过业绩考核严格兑现浮动薪酬，去调动企业家人才队伍的活力。

在员工内部薪酬分配的优化方面，建立了以岗位价值、能力价值、绩效价值为基础的适当对标市场的薪酬分配体系。此外，对于中长期激励工具包、员工福利体系、非物质激励等模块进行了优化，通过物质性、非物质性、当期、长期的激励工具箱体系，实现了激励部分价值的发挥。整个风控体系主要包括领导人员监控、纪律奖惩、员工关系、容错纠错机制等，使整个人力资本运行过程中风险可控，确保在合规的方式下发挥人力资本的活力和价值。

从产出环节来说，包括了几项内容：首先是人力资本的评估模块。这个模块要对人才效能、组织效能进行评估，以人才效能和组织效能评估的结果作为依据，进一步优化人才管理机制、组织管理机制等。其次是对于战略解码、组织绩效和个人绩效进行了优化。企业从战略目标到整个绩效计划，到战略执行，到最终的结果复盘，形成了一整套管理机制，不管是组织绩效还是个人绩效，都融入企业经营管理的大的闭环当中，发挥企业绩效的指挥棒作用。

最后是人力资本的优化，简而言之是对人才的退出，以及退出之后的再提升进行明确。如果没有退出模块，没有淘汰和派换机制，人才的活力就难以保证。最终作为闭环的终点，作为人才活力保障的方式引入退出机制，明确了退出的情形、退出的主体责任，以及退出之后要对于内部的人力资本进行退后管理，比如制订再提升的计划，实行再配置等一些方式，使人力资本经营形成一个完整的闭环。

这是整个保利人力资源管理体系建设纲要的主要内容，围绕人力资本经营重构了人力资源工作，形成了三大要素八大模块，各个模块都是围绕着如何释放人力资本的活力，实现增值性目的而展开各项工作，最终也制订了非常详尽的组织实施方式来确保整个理念体系的落地。🔳

注：本文图片由作者本人提供。

▶ 专家点评

保利 IPO 人力资本包含的
五大逻辑

■ 作者 | 郭伟

一、人力资源发展的两条逻辑线

人力资源的发展逻辑有两条线。

第一条逻辑线是，从人力资源工作的价值和意义角度看，经历了合规性、和谐性、有序性、有效性四个阶段。人力资源第一个阶段其实发端于合规性，这个所谓的"规"指的就是劳资双方的平衡；到了第二个阶段，法约尔学派、霍桑实验出现以后，发现人的情绪、人的潜能是可以促进生产力提升的，我们把这个阶段叫作和谐性的人力资源的贡献；第三个阶段是在企业里面建立起规则体系，使得整个员工的职业生命周期在企业内部实现有序的流转，所以叫有序性；第四个阶段是要解决有效性的问题，人在企业当中不仅能够有序流转，而且要能够持续创造价值。我们现在这个阶段，都处于有效性的过程。

第二条逻辑线是，从人力资源工作的内容角度来看，经历了模块化、系统化、效能型三个阶段。第一个阶段是模块化，把对象化和流程化割裂成了职能化、模块化；第二个阶段是系统化，人力资源本身相互之间输入、输出，是首尾相接的，是一个系统性的工程，当时准确的叫法是基于能力的人力资源体系；第三个阶段是效能型，效能型的工作内容，更多的时候是围绕人力资源项目性、流程性的工作在展开，我们现在处于人力资源真正给企业的发展和企业战略提供支持和保障的效能时期。

我们回过头来说人力资源是什么。人力资源确实不像财务、风险、法务这些职能管理系统，而是跟战略和组织并行的解决企业根本性问题的一个重要的领域。

在前面的基础之上，我们再来看保利集团 IPO 人力资本框架体系。我认为它本身就体现了这个基本的思想，它是围绕着人力资源的产出、流程化的逻辑，构建起整个人力资源现有的逻辑体系，实际上它包含的是五大逻辑。

二、人力资源体系的五大逻辑

第一是流程的逻辑。

人力资源本质不是职能模块，也不是一个职能模块构建起来的一个系统。它是一个流程，所谓的流程就是端到端，由六个要素构成的：一是服务于某些特定客户；二是由输入端开始；三是通过一定的具体的活动实现目标；四是通过活动和活动之间的逻辑关系发挥作用；五是产出特定的输出结果；六是创造特定的价值。六个要素，即客户、价值、活动、关系、输入、输出。**保利的 IPO（Input–Process–Output）人力资本架构关系可以解读为如何使这个流程的效率和效能最大化，再加上客户和价值两个要素，就是完整的流程化的解读**。从流程上来看，保利这个系统第一件事情体现出了人力资源流程化的逻辑，就是端到端，要有输入、输出、加工的过程、相互之间的关系，要考虑它的整体效能，要看最终产出的价值，看输入端的筛选，看客户服务等一系列的内容。

第二是投入产出的逻辑。

以前我们也讲人力资源其实就是一条生产线，以前的各个模块类似于一台台机器，我们着力于把一台台机器的性能调得最高，但是每一台机器的优势，不足以转化成整条生产线的优势，没有办法产生出你真正希望的价值。比如人才盘点，不能用职能的方式，而要用流程化的方式，首先看一下人才盘点是干什么用的，它前面接的是人才标准，盘点的是现有的人员，人才标准再往前延伸是公司未来战略对人才的要求，所以才形成了人才标准。盘点完了以后，后面接的是人才的计划（人力资源规划），要产生四个计划，人才的调配计划、人才的引进计划、人才的发展计划、后备梯队的人才选拔计划，这四个计划是最终的产出结果，这样才能创造价值。所以 IPO 的逻辑是投入产出的逻辑，中间的都是技术方法和手段，最终要看到投入的是什么资源和什么原材料，产出的是什么价值。

第三是客户的逻辑。

既然讲到了是流程化，那么服务的对象就不再是从职能的角度考虑，而要转向对象的角度。客户到底是谁？从大的角度来讲，人力资源的服务客户有三个，一是领导层，要服务于领导层，是领导的幕僚机构；二是 BU（Business Unit，业务部门），服务于各个经营单位，帮助他们更好地提升效能；三是员工，帮助员工完成绩效，提升绩效，提升产出。再打开一点说，人力资源的客户有哪些？还可以包含组织，随着 OD（Organizational Development，组织发展）理论的实施和实践，组织的演进和演变也成为人力资源管理的范围了。把人才对各个 BU 的服务再打开一点，还可以分成干部、人才、普通员工三大类人群，相应的服务不太一样。还有文化、激励等一系列的服务对象。输入端是什么？输入的是跟战略有所偏颇，不足以支撑战略的现有的组织。输出的是什么？通过一系列 OD 管理，最终产出的是符合战略、支撑战略，设计能够支撑战略持续发展的组织方案和组织的运营机制。

第四是价值的逻辑。

最终的产出必须要产生价值。什么叫价值？所谓价值就是对他人的有用性，产出的价值不是由我们自己定义的，是要由客户定义的，客户是领导、是 BU、是员工，所以产出的政策、制度，培养出的人才由客户作评价，这样就产生出一系列的效能指标体系。最重要的是看你培养出来的人才是不是合适的。这里讲的价值至少有三层：第一层是战略价值，要服务于战略，最终是否能支撑战略的实施；第二层是产出价值，产出的人才、组织、文化是不是具备相应的价值，客户认不认可；第三层是资源的效能，在过程当中资源使用的价值是不是能够达到效能最大化。

第五是风险的逻辑。

既然是流程，一定要谈到风险，在整个流程运行过程当中有可能哪个地方存在风险点。我们经常讲，如果输入端就有问题，比如有老板说，我们招的人就不行，招的是"苞谷面"怎么能蒸出"白面馒头"呢？如果输入端就有问题，整个人力资源流程跑完，最后也只能蒸出黄金面色的窝窝头，蒸不出白面馒头；有的是中间的机制有问题，使整个流程的运行效能都有问题；有的是产出端的定义有问题，导致出现的是自我定义，HR 自嗨，进而形成这种不良循环。风险点到底在哪儿？要围绕这些风险点进行有效的规避。

对企业引进人力资本概念的三点建议

■ 作者 | 徐继军

保利这个纲要有两个地方非常值得关注。第一，它建立起了一个基于流程，基于系统思维的人力资源管理架构。第二，更为重要的，它是一个企业人力资源的顶层设计，把人力资本这个非常重要的经济学概念引入人力资源的管理体系中。当我们把人力资本这个概念引进来，它的重要意义在于解决了一个企业对人力资源的概念和认知的基础问题，只有解决了概念和认知问题才有可能解决方法的问题，才有可能把它越做越好。

人力资源管理有几个重要历史节点，一是 20 世纪二三十年代梅奥讲的霍桑实验，把人这个因素从其他的生产因素中抽离出来了。二是 1954 年彼得·德鲁克提出人力资源管理这个概念，在应用领域对人力资源管理建立了一个清晰的认知。三是 1960 年西奥多·舒尔茨发表了一篇文章，提出了人力资本投资，讲的是在影响经济发展的因素里面，人的因素是最关键的——经济发展主要取决于人的质量，而不是自然资源的丰富或贫瘠，以及资本存量的多寡。这个概念在经济学领域一直被使用，但是在企业里面要把它引入进来就很困难。回顾这个概念，我们会发现虽然它的代次不是严格的那四个代次，但是的确是人力资源管理比较高级的阶段。

从企业的角度来看，要将人力资本的概念引入进来，我这里有三点建议。

一、对个体人力资本的来源要有识别

个体人力资本到底从哪儿来？这个问题直接关系到后面的管理措施。在这里我有几点不同的看法。

一是个体的人力资本是长期积淀而来的，短期很难改变，是一个人的基因、家庭、教育、朋友、同事等，几十年积淀的综合体现，我们称为人力资本，但这很难改变。

二是我们过往对人力资本的重视更多的是能力，能力拆分为知识、经验、技能，实际上人力资本还有一个重要的要素是资源，不同的人身上依附着不同的资源，这跟他的家庭出身、工作学习、人生经历有很大关系，有些人没有资源，有些人就人脉广泛，资源很强，这是不是资本呢？显然是资本，不是能力的概念。这方面我们过往忽视了。

三是人力资本处在不断变化之中，有两种因素在影响这种变化，第一种是外部能力，可能突然一个能力没用了，比如说过去你画画很强，但现在人工智能几分钟画的比你用时一个月画的还要好，你就失业了，这是外部关系的影响。第二种是内部的变化，内部变化体现在不断的学习、不断的成长中，也体现在退步中。所以人力资本在变化之中，而且受到内外部因素的影响。

四是人力资本能不能发挥作用，跟其他资本不太一样，人力资本受主观能动性影响很大，我愿意干就能好好干，我不愿意干就没作用，甚至产生副作用。这是人力资本的特点。所以我们要先识别，因为这牵扯后面的管理措施。

二、认识人力资本的驱动因素或者影响因素

第一个因素是稳定性。我曾经做一个分析，一个人在这个

地方长期稳定地干和这个岗位不停换人的差别，比如说一个人连续干了3年和3年一换，产出差3倍，所以不断的动荡和长期稳定的影响很大。我们在管理人力资本，让它发挥价值的时候，稳定性就特别重要。关于人的稳定性的管理其实是一个非常重要的管理模块，过往我们没有把这个问题单独抽离出来。

第二个因素是主动性。愿不愿意干区别很大，这个事情我们研究得很多，包括怎么激励、怎么考核，等等。

第三个因素是匹配性。大量的人才工作是以团队的方式工作，不是一个人的工作，在流程的上下游要配套，这就意味着即使个体能力很强，但是假如他在某些个性方面跟团队成员不匹配或者配合不来，就意味着这个人力资本没法发挥价值，所以团队的匹配性就很重要。

三、人力资本追求的是性价比，而不是投入产出比

这个方案里，有些地方的具体措施我不完全同意。人力资本的管理和使用，投入产出比这个概念并不是非常准确，因为不是你投入，你也投入不了。企业总认为自身在投入，实际上你付的只是工资。其实我们更多追求的是性价比，而不是投入产出比。也就是说，更多的时候是在选择一个人而不是在培养一个人，这话说得有点"反动"，但事实上真的是这样，选择永远比培养效率更高，这就意味着我们追求的是性价比。因为人力资本积累是一个非常个性化的事情，是多种因素的叠加，在实践中可能有这么几个难点，是需要去解决的。

第一，在管理人力资本的时候追求的是数量、质量、状态、时间、成本的平衡，但其实这几个因素是互斥的，追求平衡，既要便宜还要及时，还要好用，还要状态好，那怎么办？这是一个难点。

第二，状态是操作空间很大的一个点。我们经常说人好用稳定与昂贵之间并不一定是完全相关的，也就是说好用的人不一定贵，稳定的人不一定贵，这意味着人力资源管理方面有一些独到的方法，不是威逼利诱、考核薪酬。

第三，企业用人，跟人力资本建立的关系模式，跟人力资

本建立关系的能力，就是人力资本管理的关键所在。建立关系就是合作，改变一个人很难，因此合作建立关系就非常关键。我们常用的人才分类矩阵还是适用的，不同类别的人才，人力资本的密度不一样，有些人就得一个人一个政策来管，比如说诸葛亮就得三顾茅庐。这里最为重要的还是关键少数的管理，可能发挥着关键的作用。

大胆创新，大胆实践，探索中国原创的人力资本管理模式

■ 作者｜彭剑锋

管理就是实践，实践是我们最伟大的老师。保利集团人力资源管理体系建设纲要，尤其 IPO 人力资本经营框架让人耳目一新。从人事管理到人力资源管理，到战略人力资源管理，再到人力资本价值管理，这四个阶段的划分是在 20 年以前我在主编《人力资源管理概论》的时候划分的，最高阶段就是人力资本价值管理时代，但那个时候没有最优实践作为支撑。这次我没想到一个国有企业，能够大胆运用人力资本经营的顶层设计，这起码代表保利人力资源的高层、人力资源部门有足够的创新意识和勇气，使我们看到了一个初步的关于人力资本经营的可操作系统。关于人力资本经营、人力资本价值管理时代，围绕这个概念和这个操作体系谈几方面的观点。

第一，人不是工具，也不是成本，真正把人作为一种资本看待的时候，意味着整个人力资源体系要进行认知与思维的革命。

人力资本这个概念属于经济学的概念，在经济学用投入

产出的理念是很好理解的，但是一旦运用到企业，到了操作层面，会面临很多操作性的漏洞，是跃不过去的坎。因为人只要作为资本就必须满足三个诉求。一是必须要实现价值增值，尤其是放到经营这个层面。二是只要作为资本就要有剩余价值索取权，就意味着不再是雇佣关系，是一种资本与资本的关系，就不能简单只是发工资了。三是要有平权的关系，双方有平等的权利。作为一种资本，尤其是现在人力资本成为企业价值创造的主导要素，不再是被动要素，要有剩余价值所有权的主导，要有管治权的主导，要有自由支配的主导，实际上意味着整个人力资源管理的底层逻辑、价值观发生了革命性的变化。保利集团能够用人力资本经营这个价值观，本身就意味着创新，是值得倡导的，尤其是国有企业进一步深化改革，还是要承认人力资本的价值。我们倡导的合伙制就不存在谁剥削谁的问题，是我雇用你、你雇用我，相互雇佣的关系，工资是自己给自己发的，不是老板给你发的，所以底层逻辑认知和思维必须要进行革命。

第二，把人力资本放在经营层次上思考。

人力资源管理和人力资本经营是两个层次的概念，我们经常讲管理和经营是企业的一体两面。管理的目的是求效率，要有效率就要有严格分工，就要有等级秩序，就要有严格的制度、严格的规则。如果要把人力资本放到经营这个层面，经营就是需要成长，需要增值，需要发展，你要让他成长、增值、发展，就不是管理了，就要实现效能提升、价值放大、持续价值增值，这个时候就需要有潜能的开发，就不是以管控为主了，目的就不是单以效率为核心了，而是以成长、增值、持续价值放大为核心。所以整个人力资源将来的目标导向就发生了变化，目标导向不是单一追求效率，而是要实现人的成长和组织的人力资本价值的成长，要实现人力资本的价值增值，要实现整个效能的提升，价值的放大。所以从个体来讲要实现人才的发展，从组织来讲要实现人力资本的价值增值。

第三，人力资源管理的核心就是激活，对人的管理不再是一种工具，而是要实现自我驱动、自我管理。

人力资源管理的核心目标，是要激活个体创造价值的活力。为什么华为厉害？华为整个人力资源管理的核心就是以小熵理论持续激活个体价值创造的活力，意味着整个人力资源管理是围绕人的活力的激发，要激发人的活力就不是管控了，一定是自我驱动、自我管理、自我潜能开发。如果还靠管控，尤其是针对知识型员工，就很可能会出现"上有政策、下有对策"这一套。所以整个管理模式就不是以管控为主，而是以激活为主，整个人力资源管理要围绕价值激活来进行，围绕人的持续奋斗、持续创造价值的能力进行，围绕员工的自我驱动、自我管理，真正回归到人力资源管理的最高境界，即没有管理的管理、自我驱动型的管理。要实现人的自我驱动的管理就需要有愿景领导，要

> 从底层逻辑来讲，是走向了客户化管理，最终目的是要创造客户价值，以客户为中心。

有使命感，要有主动的责任担当，要把组织的事业当成自己的事业，从事自己有兴趣的、热爱的工作，才能实现自我驱动，这就不需要人来管理了，这个时候制度管理可能就变得多余，管控就变得多余。

第四，人力资源管理的逻辑体系发生了变化，意味着底层逻辑、运营体系发生了变化。

过去的人力资源管理是作为管理职能脱离出来的，管理的基本职能是指挥、命令、控制，现在人力资本不再是管理职能了，变成了价值管理，变成了经营管理职能。保利的 IPO 人力资本管理架构实际上是从职能管理转向了面向客户、面向经营的流程化管理，IPO 就是一个流程，从人力资本价值投入到人力资本价值产出，端对端。从底层逻辑来讲，是走向了客户化管理，最终目的是要创造客户价值，以客户为中心。人才也是客户，真正回归到把人才当客户。要把人才当客户，人力资源管理的

起点和回归点都是要实现人的价值增值，实现人的价值成长。我们最早提出来人才是客户，需要靠人力资本的价值管理这套操作系统才能实现。客户化就是价值，客户的背后就是价值，要创造客户价值，要实现客户价值。客户化、价值化的背后是流程化，一定是打造面向客户的流程化人力资源管理体系。我们经常讲组织变革、组织能力建设，其实大家都忽视了组织能力建设在数字化时代有两个基础，一个是数字化、信息化，要透明，一个是流程化，离开数字化、透明化、流程化就谈不上所谓的客户化，所以流程化是根本。流程化的背后强调的是信息化、数字化，没有信息化、数字化就没法实现端对端的流程化。这个底层逻辑意味着整个人力资源管理走向了流程化管理。

保利的 IPO 人力资本管理框架比"三支柱"更能从底层逻辑上说得通。"三支柱"战略、组织、人，本质上还是模块化，COE 是满足战略的要求，HR、BP 是满足业务的要求，SSC（Shared Service Centre，共享服务中心）是满足平台化的要求，本质上它还是模块化，这种模块支撑战略、业务，从而在操作层面上进行平台化管理，但是在底层逻辑上并没有真正打通。所以从这个角度来讲，保利的三大维度、八大模块，基于人力资源的 IPO 这个过程，真正使得人力资源走向以客户为中心、以人才为中心，以人才价值管理为核心的流程化人力资源管理体系。

第五，要把人力资本真正上升到经营这个层面来讲，人力资本的价值管理就要实现闭环，投入的闭环、运营的闭环、产出的闭环。

从个体来讲，面临着人力资本的价值创造、价值评价、价值分配的闭环。从整个企业来讲，面临着人力资本从投入到运营到产出的大闭环。两个闭环之间怎么找到衔接点？两个闭环之间如何可操作？投入、运营、产出里面的逻辑体系是什么？还需要进一步深化，否则还只是把过去这些大模块往这三个里面装。所以，在操作层面上恐怕还要进一步打通，以期实现人力资本价值管理的循环，实现闭环。现在只是从概念上提出了投入、运营、产出，但是人力资本的投入、运营、产出这个大闭环的工具和方法是什么？目前只是把这些模块装进去了，没有真正融会贯通，这是最难的。

第六，人力资本到底经营什么？经营对象和客户是什么？

未来的人力资源管理一定是面向人才，面向客户的流程化的人力资源管理。那么，面向客户，面向流程化的人力资源管理核心内容是什么？现在还是按照职能来管。当然，国有企业的职能没法改变，我们只能用一个新瓶装了大量的旧酒，但是新酒到底是什么？要经营什么？什么叫以客户为中心？

以客户为中心，就意味着人力资源部要为客户提供人力资源产品服务。比如腾讯在研究人力资源时强调要有产品化思维，要有客户化思维，人力资源管理也要研产销。因为讲到运营就有研产销，人力资源产品的设计，从产品的研发到产品的运营，到满足人才的需求，人力资源部就变成了人力资源产品服务机构。底层逻辑应该是这样，就不是把那些模块往里面装了，而是要提供以客户为中心、为客户创造价值的人力资源产品服务。一是要满足客户需求。二是要有个性化。这就需要研究整个人力资源运行系统，如果不再是职能运行，而是基于客户价值、基于产品化，就要有研发部门，要有生产部门、营销部门。要搞清楚人力资源的产业链是什么？人力资源的供应链是什么？客户是两部分，一个是人才本身，一个是组织。一个是组织战略和业务的要求，一个是人才自身需求的要求。这就涉及人力资源的产品化思维、客户化思维、流程化思维、价值化思维，我认为要进行认知与思维的革命。三是要经营心理资本。人力资本经营的内容现在提倡知识的经营、能力的经营、心理资本的经营。人身上有什么东西？要经营什么东西？要经营知识，要经营能力，还要经营心理资本，提高员工的满意度、忠诚度，包括要经营关系资源，以及对人的全生命周期的管理，尤其是现在大家用的新词是要提高客户的体验，提高对人力资源产品服务的一体化体验。所以，我们要研究经营内容的革命。

第七，要研究人力资本价值的评估与核算体系。

这是一个难点。要把人力资本上升到经营层面，经营就要有经营指标，就得计量，没有计量、没有经营指标就谈不上经营。我们如何来重构这套以客户为价值、为核心，以流程化端对端的人力资源评价体系，人力资本价值的评估体系、核算体系？现在有了数字化、信息化，就为人力资本的价值核算提供了基础，济南人力资本研究院这几年就一直在搞人力资本的价值评估。未来人力资本是有身价的，怎么来衡量它的身价？资本真正要实现价值，要跟什么结合？除了跟生产要素结合，最核心的是要跟金融资本结合，要跟资本市场结合，离开了金融资本就谈不上人力资本价值的预期。人力资本一定有风险，投资也是有风险的。我们讲的人力资本价值核算体系，个体的价值核算，组织人力资本价值核算，将来恐怕要有人力资本价值指数。个人人力资本，叫身价。济南人力资本研究院提出了几个指标，拿出评估的身价可以到银行贷款，就不需要资产抵押了，将来这是最有意义的。要跟金融资本结合在一起，就必须对人力资本的信用价值、能力价值进行核算。这个东西是有信用价值的，是有人力资本价值的，而且人力资本可变现、可流动，这是需要创新的。

> 选人和培养这两个都重要，不能说选人重要而培养人就变得不重要，培养人才仍然是人力资源的一项核心任务。

第八，经营是一个长期过程，是长跑，人力资本的投资不能是机会导向，必须要贯彻长期价值主义。

培养一个人才需要一个长期过程，人才就需要舍得投、连续投。现在的问题是，在急躁的时代大家都说选人比培养人重要，这个理念已经统治了整个人力资源界。为什么？大家认为人才选就行了，干吗要培养？但是如果大家都不培养，也选不出好人才。组织还是要加大对人才培养的投入。选人现在变得很重要了，但如果所有的企业都说选人比培养人重要，所有企业都不愿意搞培训，搞人才的投入，整个社会的人才价值就会降低。选人和培养这两个方面都重要，不能说选人重要而培养人就变得不重要，培养人才仍然是人力资源的一项核心任务。

第九，人才作为一种资本就有风险，人力资本的风险管理要作为一个重要的内容。

这些风险包括人力资本的信用风险、道德风险、流动风险，还有可能会有流动带走知识、带走资源的风险。现在很多企业出事，都是因为人出了问题，人成为最大的风险。以后财务上的风险都可以控制，唯独控制不了的是人的风险，尤其是在数字化时代，如果他不向善，要使坏，要留个后门，人的底层价值观的风险就变得非常重要了，系统性风险越来越大。而且一个小人物也可能导致一个企业的崩盘，小人物可以成就大事业，也可以带来蝴蝶效应。

第十，人力资源管理的系统观、生态观、灰度观。

如果把人力资本上升到经营这个层面，人力资本的价值管理就不再是人力资源部门的事情了，不是专业职能层面的事情了，而是跟一个企业的经营融为一体。经营里面包括战略、组织、人才、运营，尤其现在要经营生态，这就要求，一是人力资源必须是与社会资源融为一体的开放式系统，内外要进行能量的交换，才能保证这个组织始终充满活力。二是吸收宇宙能量，链接世界智慧，叫作全球人才为我所用。尤其是中国企业现在要走向世界一流，像保利这种企业也在对标世界一流，人才必须要世界一流，人才机制、人才系统也得世界一流，才能有一流的人才，才能作出一流的贡献，这就必须要有能量交换，必须要全球人才为我所用，从全球整合人才。全球人才要为我所用，文化就必须要开放，必须要包容，就要提高空降人才的存活率，这是很重要的。

另外，要基于数字化、信息化构建人力资源平台，打通整个战略、组织和人。其实数字化的本质还是人的业务活动的数字化，广义的人力资源在未来也包括客户资源，客户也是你的人力资源。未来所有的企业都是经营客户，客户价值最大，数字资产最大，而且作为未来以人为核心，这个人既包括内部客户也包括外部客户，未来的企业就是经营客户的价值，客户在某种意义上也是属于你的人力资本。所以整个人力资本的内涵和概念都发生了变化，我们要经营内部客户和外部客户，一个是内部客户价值，一个是外部客户价值，而且要实现内部和外部客户之间的高度融合和链接。

企业最大的资产就是客户价值，人力资本经营框架体系是以客户为中心的一个系统，是一个整体，是一个系统工程，是客户经营的全系统的过程。所以要走向系统观、整体观，需要数字化运营，要有生态的概念，要打通整个生态。

人力资源管理对我们提出了挑战，而且将来有了新一代人工智能以后，人力资本不仅包括碳基人，也包括硅基人。这里人力资本的框架，一是外部客户资源，二是内部客户资源，三是硅基人力资本。未来打仗是立体战、综合战、混合战，现在打仗除了人、武器还有无人机，还有机器人、数字人，未来的组织除了碳基人，还有硅基人的作用，团队既包括硅基人也包括碳基人。未来的机器人、智能人有自我学习、自我进化、自我价值增值能力，它也是企业重要的人力资本，是企业价值创造的一个新的生产要素，是新组织成员。未来谁驾驭的硅基人越多谁的能量越大，这才能真正实现碳基人的人力资本的价值升值。所以未来的经营一定是硅基人的自我进化、自我学习，人机物的三元融合。

虽然保利集团人力资本经营框架体系在某种意义上还不是很成熟，但是他们的创新意识，是非常值得敬佩和期待的。所有的东西都需要发挥想象力，然后快速行动。保利能做这么一个框架，在快速行动之中不断迭代，这就是中国原创的人力资源管理，这个东西国际上没有，就大胆去实践，在实践过程中迭代，最后可能就形成了中国人自己的人力资本经营理论，这就是对世界最大的贡献。中国企业对世界的贡献不再是GDP，而是最优实践和原创的管理理论，但是我认为这还是需要坚持长期价值主义，需要我们花十年、二十年的时间。🄶

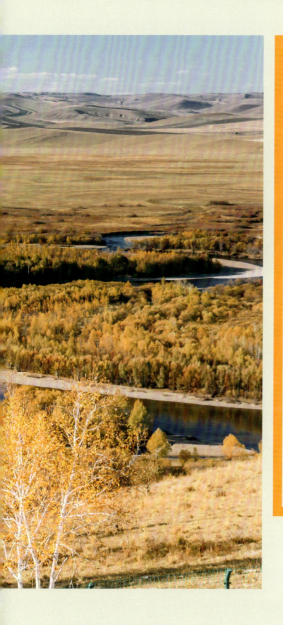

视野

CHINA STONE ▶▶

　　要想不依赖时代，中国企业必须重视对技术的投入，任何时候市场机会都很重要，但现在创造机会也变得非常重要。创造机会难度非常大，时间也比较长，需要真正地对技术和品牌经年累月的投入，其背后需要大量的人才队伍的支撑。

——陈明

做一个时代的企业，但不依赖于时代

■ 作者 | 陈明 华夏基石产业服务集团联席创始人，副总裁

序言：前段时间，笔者服务的一些企业都在召开半年度经营分析会议，其中有一家发展不错的企业创始人让笔者在半年度会议上分享一个题目——既要做时代的企业，又要摆脱对时代的依赖。这是一个有深度的"命题作文"，又是一个非常好的"思考题"，回答好这个题目需要去思考一些企业经营管理更底层的问题。

这篇文章就是笔者试图去"驾驭"这个宏大而深刻的题目所进行思考的结果，谈不上深刻，也不怎么系统，但笔者还是写出来与大家分享，请读者朋友们指正！以下是正文开始前的一点思考背景。

1. 长青企业其实凤毛麟角

这个题目首先让笔者想起 20 世纪 90 年代风靡全球的商业畅销书《基业长青》。现在回过头看，那些当初被作者选为基业长青标杆的企业，现在很多都已经衰落了。但这并不影响人们对于"基业长青"这个话题的热衷与追捧，后来每隔几年，一些出版社就会围绕这个题目出一个迭代版，实际上讲的都是企业如何基业长青或基业长青的企业有何特点。

长青企业是一个永恒的话题，像一盘永远下不完的棋。现实中，长青企业其实凤毛麟角，而绝大多数企业都是时代的企业，在时代长河中只能算是昙花一现。企业与时代的关系比较紧密，又是人类设计和运作的（极少数有千年以上历史的企业，人类社会成规模出现企业的历史并不长）。时代变迁不停，人类也不可能永远正确，那企业必然会有寿命周期，这也符合自然万物必然会有新陈代谢的规律。

2.要知形势，但不要被形势所困，因为你改变不了形势

当今的时代复杂多变，这种变化快速而剧烈，各种内外力量都在"较劲"，各种状况层出不穷，本来就让人应接不暇，再加上各种以"吸睛"为目的的自媒体推波助澜，夸张渲染，制造信息"噪声"、信息垃圾，使人眼花缭乱、真假难辨，真是有一种"碟中谍"的感觉——一切都有一种不真实感，好像一切都失控了，这个世界变得难以理解了，就连专家的预测和判断，很快都能变成笑话。

这几年大多数企业家朋友最喜欢讨论的题目是"如何看待国内外形势变化"，其实这种问题讨论多了意义不大。不是说做企业形势不重要，关键是一般一个企业很难改变大形势。

因此，本文不是分析时代变化，预测未来，而是重点讲企业如何回归本质做好自己，才能超越时代。

3.昨日成功经验，今日生存陷阱

世界潮流的大趋势是和平与发展。中国改革开放以来，整个国家的主要任务就是释放活力，发展经济建设，中国企业进入四十年高歌猛进的黄金发展期，但现在这种趋势戛然而止，进入降速调整的下滑模式，即所谓的"断层"。这个对绝大多数人认知的冲击是前所未有的，尤其对企业经营者的"打击"更是"暴力级"，可以说是颠覆认知、"毁三观"的。这确实是一个痛苦的时代。

尽管痛苦，但必须承认这样一个事实：中国企业过去四十年高歌猛进的发展，其实是全球产业发展史上没有过的现象，是个特例，是个案，是非常态，如今的现实反而是常态。只不过，**经历过非常态的人进入当今的常态肯定不适应了，感觉现今的世界有点"颠倒"，总想"梦回大唐"，回到那激情燃烧的岁月。这是不可能的，永远回不到从前了。**

更为麻烦的是，我们根据过去四十年发展得出的"常识""铁律"，现在发现失灵了。那些我们认为放之四海皆准，可以推而广之的成功经验，现在恰恰是"陷阱"，旧地图找不到新大陆。太阳底下没有新鲜事。现在的世界和社会像极了过去某些旧时光，只不过大家未曾生活过，未曾体验过。人类的历史可以被"操

控"，人类往往又是选择性遗忘的。

企业如个体的人，都脱离不了其所处年代的大背景的影响，其命运都会受到时代的"捉弄"。

那么，如何做一个时代的企业，但又不依赖于时代？

一、从机会牵引到创造机会

梳理一下中国经济近四十年的发展史，从中可以发现中国企业基本上走的是赶超之路。美国、德国、日本等经济发达国家基本上走的是先有技术，然后为技术找到新市场，从而开创一个产业，走的是技术—产业之路。从某种意义上讲，发达国家技术是过剩的，很多知识、技术早已存在，但不知道用它们来干什么，也就是无法产业化，找不到市场应用。商业经验告诉我们，创造市场是最难的，也是风险最大的，当然也是获利最高的。

改革开放以来，中国打开国门，中国经济发展就走上了快车道，中国企业赶超的速度很快，究其原因是中国企业取"巧"了（当然这也需要中国企业付出极大的努力），绝大多数产业我们都是跟随者，靠的是市场驱动，机会牵引。**何为市场驱动，机会牵引呢？也就是先有市场，市场已经存在了。**曾经有人甚至这么说，只要某个行业的头部企业是国际大公司，那就是中国企业的"福气"。为何这么说？国际大公司存在就说明这个市场是存在的，市场机会就摆在那里。谁能抓住机会，谁就能发展起来。你抓住多大的机会，则取决你的组织有多大的团队。

前面说过，创造一个新市场，为技术找应用最难，不确定性最强，时间上也是无法把握的。而中国企业一般不需要付出太多创造市场的成本，也大大缩短了等待市场走向成熟的时间，因为有国际大公司已经探索出路来了，只要对标它们，奋力追赶就行了。中国企业一般是从产业底部向上进攻（从中低端做起，或质量稍微差一点，但价格比较便宜），凭借出色的供应链和工程化能力，往往把价格做得相对低，这就是中国企业的"撒手锏"——以低成本优势，从低端开始逐步向上攻，逐步蚕食跨国公司市场。跨国公司一看利润被蚕食没了，一般就会采取放弃策略，它们的市场就会越做越小，最后就退到"黄土高坡"上。这是过去几十年来，大多数中国民营企业采取的主要策略，再加上定位清晰（聚焦鸡肋市场，大公司不愿意做、小公司又做不来，随着市场扩大，所谓专业细分市场类似鸡肋的市场却越来越多）、服务好、速度快等策略，可谓屡试不爽，形成"凌厉"攻势，竞争态势逼人，使跨国公司"应接不暇"。

还有一个重要原因就是中国企业抓住发达国家的产业链转移机会，发达国家往往抓住产业的两头（一头是设计、研发，一头是品牌和营销，这两头是知识密集环节，当然也是高毛利的环节），而把大规模制造、交付、供应链都转移到发展中国家，中国企业抓住了这个千载难逢的机会。

> 商业经验告诉我们，创造市场是最难的，也是风险最大的，当然也是获利最高的。

这些都是抓住时代给予的机会，同时采取"巧"的做法，但非常有效。这里必须重申，我所说的"巧"，是指借势而为，中国企业家及中国企业在市场化过程中付出了艰苦卓绝的努力，是令人敬佩的。

但随着中美贸易战开打，西方发达国家供应链去中国化，世界市场被国家政权力量硬生生重组成几个"区域市场"，本来世界是平的，现在美国联合其他国家给世界树立了几道墙，挖了一些沟壑……这些意味着一个时代的结束，另一个时代的开始。

中国企业过去的成功经验可能就会变成"包袱"。**过去中国绝大多数企业是靠市场驱动发展起来，所谓机会牵引发展，这条路相对比较容易走，而忽视了对技术持续投入，对技术的投入是艰难但正确的路。**原有的全球分工是这样的，发达国家负责研发、设计，以中国为代表的发展中国家企业负责产业化，技术上以模仿为主。这种分工模式现在被中断了。现在全球市场有很多地方中国企业不能去做生意，因为供应链必须去中国化，这就等于中国企业所面对的市场规模变小了，中国企业过去擅长大规模制造、交付，技术含量总体还是偏低的，现在又面临巨大的产能过剩。这就是太依赖时代了！当然，现在说这种话好像有点事后诸葛亮的味道。

中国企业要想不依赖时代，必须坚持长期主义，开始重视对技术的投入和打造品牌。技术和品牌都是知识密集的环节，俗称技术活儿。技术活儿当然对人才及人才密度要求比较高，同时又是比较费钱的活儿。

任何时候市场机会都很重要，但现在创造机会也变得非常重要。过去的机会是发达国家给的，现在必须学会自己创造机会。创造机会难度非常大，时间也比较长，需要真正的对技术和品牌经年累月的投入，其背后需要大量的人才队伍的支撑。老板们必须从重视厂房和设备等有形资产的投入转向重视对人才、品牌等无形资产的投入。

二、注重顶层设计

顶层设计现在成为一个热词了。一个企业的顶层设计一般是指企业文化大纲，统一大家思想，是对企业发展有关的重要命题的回答，比如企业为什么存在（使命），企业的理想目标是什么（愿景），企业如何实现愿景（价值观），俗称企业文化"三大件"。

也许读者会好奇，使命、愿景、价值观对企业发展真的这么重要吗？笔者经常对老板们说，企业文化建设名义上的重要性不用强调了，真正的企业文化建设是一个企业的"成人礼"。

企业文化给人的感觉有点"虚"，但"虚的"要当"实的"来做。企业文化要发挥作用，首先感觉有点"不自在"的应该是创始人及高管们，如果真的这样做的话，企业文化就开始起作用了。

现实中很多企业有个误区，总是把企业文化当成给一个员工"洗脑"的工具，企业文化总是对员工提出诸多要求，员工应该做到这个，员工还应该做到那个。如果抱着这种想法来开展企业文化建设估计是没有什么用的。**对于员工来说，其实文化不需要太宣贯，他们首先是感受，感受到文化的力量和温度，进而被"诱惑"，变成心甘情愿。**宣贯的思路还是给人一种"居高临下"的感觉，总好像上面掌握真理。过多的宣贯反而会造成一种疲劳感、抵触感，甚至可能"逆反"，最后就不相信了。

使命、愿景、价值观这"三大件"非常重要，对创始人、高管的重要性要高于一般员工。一个企业的使命、愿景一定给人一种"舍我其谁"的感觉，给人一种"唤醒"内心的感觉，这种文化才能激发人。

但是，**文化不仅是激情，还有一种力量是"克制"。**大多数企业的文化还是充满太多的商业企图，如何做到世界第一，如何做到行业的头部，等等。并不是说这些不重要，这些是基础，但是仅仅强调商业企图是不够的，使命、愿景、价值观中一定要有超越商业的道德部分。

> 仅仅强调商业企图是不够的，使命、愿景、价值观中一定要有超越商业的道德部分。

企业文化中真正打动人、感染人的往往是非商业部分。从长远角度来看，使企业走得更远的一定是这些非商业部分，商业部分可能使企业活下来，但不一定使企业走得远。

基业长青的企业首先一定是个道义集团。当然，这种道义集团不是说教，不是做一套说一套，更不是只针对员工不针对管理层（首先指的是创始人、高管）。这里稍微再说一下，比如使命，首先对企业来说就是一种克制，企业所开展的活动基本上应该都在使命所涵盖的范围中，所谓名不正则言不顺，言不顺则事不成。企业的重心和能力都要围绕使命来构建，否则就容易陷入机会主义中，迷失自己，被时代所裹挟。

根据管理大师彼得·德鲁克的观点，深入思考企业的使命、愿景，就是回答"我们的事业是什么？我们的事业应该是什么？我们的事业将是什么？"一开始很多人不理解彼得·德鲁克的洞见，认为没有什么实际价值：我们知道自己的业务就是卖汽车卖设备就行了，为什么要关心这些问题？但很快就发现这种认识是肤浅的。随着企业成长变大，人员规模增大，市场机会涌现，管理层尤其是高级管理层和创始人之间就有分歧了，有时候不一定是利益冲突，可能就是大家对未来判断不一样，对自己所从事的事业认知不一样，很多冲突的根源来自这里。不少创始人担心讨论这些问题会造成大家之间的不愉快，破坏和谐，总是试图回避这些问题，这样的态度也是不可取的，最终会影响企业的长久发展。

还有一些老板，尤其是快速成长的中小企业的老板，他们一手把企业拉扯大，现在企业员工规模快速扩大，职业经理人纷纷加盟，业务规模成两位数增长，创始人逐步退出经营层，这时企业似乎变得让他们不熟悉了，他们感觉要失控了，很焦虑。但其实这正是企业成长从量变到质变的过程，创始人应该完成自我超越，转变思维方式，跟上企业的成长，否则自己就成了企业发展的桎梏了。

很多创始人一直把自己当成一个生产队长的角色，每天在村头大槐树下敲一下钟，村民就围拢过来，他给大家布置任务，然后大伙儿马上就开干了。每个人什么情况他都清楚，他很有掌控的感觉。现在企业大了，他不能敲钟了，他要学会造钟，他就感觉要失控了。企业成长肯定会超出你的"视线"范围，你要学会顶层设计思维，学会通过顶层设计来驾驭逐步成长起来的企业。

正如上文所说顶层设计就是一种企业文化，是一种企业哲学，怎么有这个功效呢？企业哲学必须数学化以后才能真正落地。比如，资源分配上，相对成熟业务、创新业务、探索业务占比多少；每年为未来投入（研发、市场营销和人才队伍打造等）占比多少；利益分配的占比是多少；等等，应该先定这些结构，投下去、花出去、发下来，然后再定期检讨效果的问题，聚焦如何改善工作，取得成效。很多企业一开始投入这些好像没有什么效果，就不投入，认为是浪费，其实这是两个问题。一个是投入，一个是效果。很多时候必须"缴学费"长大。这在下文中还有专门论述。

顶层设计落到文化大纲上，一定要有超越商业的道德部分，不在于说教，而在于实实在在的做，是一种克制，对创始人、高层管理者的作用要更大，并且把这些哲学式的语言变成数学比例，这样就更容易落实，使企业成长了，实力增强了，又不至于失控。

三、管理极端情况，保存生命力

当今的时代，管理的负担很重，对领导人的要求越来越高，需要管理的东西越来越多。检验一家企业的生命力，就是看一家企业能不能经受住极端考验而不倒下，表现出顽强的生命力。所谓企业的韧性很重要，不会轻易垮，既不会土崩（下面），又不会瓦解（上面）。每一家致力于基业长青的企业都要构建一种经受住极端考验的能力。

企业有哪些极端情况需要纳入管理状态呢？

第一种情况，市场突然不存在了或者整个行业被颠覆了，被跨界打劫了。任何企业都要预防这种情况发生，尤其是头部企业。任何企业必须始终敬畏市场，战战兢兢，如履薄冰。大企业都要保持对市场的敏锐触觉，多路径、多梯队进行探索布局。东方不亮西方亮。这种例子商业史上层出不穷，比如，从功能手机到智能手机，胶卷相机被数码相机替代，数码相机又被智能手机替代，等等。

第二种情况，技术路线之争。出现了技术结构性变化，这个也很恐怖。比如，等离子电视与液晶电视之争；目前全球正在上演的传统燃油车与新能源汽车之间的大战；电池技术路线之争；太阳能面板的技术路线之争；等等。大企业必须开放合作，团结一切可以团结的力量，形成一种势不可当的力量。**很多技术路线之争，并不是先进技术打败非先进技术，其背后是多种力量的角逐，商业力量往往起主导作用。**只要有资金、人才源源不断的汇入，有缺点的技术也会被迭代完善。很多先进技术往往输在封闭上，商业上封闭往往是技术持有者的贪婪造成的，都想吃独食，这是不符合商业进化规律的。你要独占好处，制约别人，别人肯定会想办法另辟蹊径，比如目前最为惊心动魄的芯片之战，就逼迫中国企业另辟蹊径。

第三种情况，断供。美国应用国家的力量通过断供来打压中国华为公司。供应链的安全超越了效率。大企业都要提防断供的风险，这个也需要大企业提前布局，制订 Plan B。

第四种情况，产能过剩时如何赢。现代产业史有一个现象是反常的，供给可以说是无限的，但需求很多时候是不足的，也就是说，供给大于需求是个大概率事件，产能过剩是常态。这一点在中国非常明显。几乎各行各业都存在产能过剩的情况。这在当前以美国为首的国家发起供应链去中国化的大背景下尤为突出。一般来说，企业扩大产能相对容易做到。产能过剩的行业一般需要通过残酷的竞争来淘汰对手，几家大企业往往通过产业整合以形成少数寡头的格局，以期达到一个相对稳定的结构。

> 你要独占好处，制约别人，别人肯定会想办法另辟蹊径。

大家都在扩产能，如果你不扩产能，一旦别人扩产能成功，那你的日子就不好过啊！现在产业的竞争除了规模竞争，速度竞争也非常重要，大家都在机会窗内拼命抢先把产能规模搞上去，然后带头打价格战、专利战等，阻止竞争对手的产能释放。同时通过技术的投入（包括制造技术创新、工艺设备的创新）极大抬高行业进入门槛。比如，现在的新能源车的行业就是"豪横"行业，只有大玩家才敢进场玩，而进场以后输赢难料。这从另一个侧面说明，全球确实没有什么好赛道，但资金是过剩的，有大资金加持的行业无疑热度非凡，但有热的时候就肯定有冷的时候，冷下来之后，就会留下一地鸡毛。

产能过剩的行业，你要想赢的话，就必须掌握技术的密码，通过技术实现低成本或生产力极大的提高，而不仅仅依靠规模来降成本，你才有赢的可能性。

四、第一性原理与改变游戏规则

被媒体称为"硅谷钢铁侠"的马斯克大为推崇的第一性原理，俨然已经成为一种 21 世纪的方法论。其实第一性原理是在 21 世纪前后，世界管理研究领域比较流行的回归本质、重新定义等研究的一种迭代升级。

21 世纪环境复杂多变，技术的进步非常快，一个企业如何应对未来？必须从第一性原理出发，打破一切专业"束缚"，也就是从物理定律出发，因为专业化知识分工已经形成"隧道现象"，知识越来越精深，但视野越来越窄。科学的还原法已经走到尽头，必须改变认知，转换视角，关注跨界知识，创新往往在专业的边界处。这就是最近底层逻辑、认知革命等变成商业流行语言的原因。

我们在实践中如何贯彻第一性原理呢？一是"打破砂锅问到底"，问到没有办法回答了，受限于物理、化学定律而无法再分解的，就是第一性原理。二是打破专业上的"陷阱"。如何才能摆脱专业的束缚呢？起用一些"半生不熟"的人，这些人少了专业的限制，躲开了经验带来的"陷阱"，反而更容易创新，有时候不专业恰恰能带来柳暗花明。很多时候，一个专业上稀松平常的知识，应用到另一个专业上好像有如天助。马斯克所推崇的创新就是这种思维方式，比如特斯拉压铸一体成型技术，就是打破传统油车的所谓的专业分工，从材料、设计、制造等基础环节来创新，这种创新带来了一种更为根本的商业效果，既是创新，又能降低成本。降低成本是一种技术，我们过去把很多精力放在通过管理来降低成本。现在从整个价值链的角度来彻底降成本，更多依赖技术创新，当然不是说管理不重要，只是通过管理带来的降成本有限。

其实这里多说一句，马斯克的第一性原理实际上开创了一种有关如何学习的理论，也就是学习如何学习，这有点绕，但确实是 21 世纪最为重要的技能。

企业一般追求的是无限游戏。无限游戏就意味着玩的就是规则本身，与之相对的是有限游戏就在规则之内玩。一方面我们需要通过内部的确定性来应对外部的不确定性，另一方面可以打破规则，改变规则。

21 世纪的企业要想追求长久，必须时刻应用第一性原理思考和解决问题，善于打破规则，建立新规则。

五、细水长流，做时间的朋友

笔者对比近几年服务的企业，颇有感触，经济形势不好的时候，就能看出企业的差距了。很多企业一看经济形势不好，就开始加大力度通过管理来控制成本，开始人事冻结，严控费用投入，能不投入的坚决不投入。这就好比"猫冬"，尽量减少活动量来保存体力降低消耗。在经济形势好的时候，花钱大手大脚，讲排场，甚至铺张浪费。

好的企业都有一个共性：细水长流，做时间的朋友。这是什么意思？就是为未来投入，比如对研发技术的投入细水长流，不能经济形势好的时候就大水漫灌，经济形势不好的时候就竭泽而渔。这样的危害非常大，会使队伍信心丧失，人才流失，前面的付出白费了。有很多工作，中断几年再接续的时候，可能比从头再来更难。

企业如何细水长流？具体来说是这样的，企业经济形势好的时候，该投入肯定会投入的，一旦遇到经济形势不好，尤其自己日子有点紧的时候，不能就对未来的投入全面刹车，而是该投的仍然坚持投。哪怕涓涓细流也不能断，一定要相信涓涓细流终究会变成滚滚大河。因为河流的源头是涓涓细流。人类的第八大奇迹就是复利，复利就是做时间的朋友，复利相当于坚持去做，这种坚持越到后来，效果越惊人，因为有指数效应。华为公司的强大就是个典型例子，可以说从成立公司之初就开始每年投入研发的资金至少 10% 以上，必须花掉，坚持了 30 多年了，这个技术实力可以说碾压一切了。美国动用一个国家的力量来打压它，华为公司也没有被打倒。

这里强调一下，很多公司一开始为未来也投入，但公司决策层如果发现投入没有达到预期的效果，就停止了。这是有问题的，其实这是把两个问题混淆了，投入与投入后的效果不是一个问题。投入就是花钱，你先把钱花掉，这是一个"技术活"，绝大多数企业的研发部门不会花，很多时候钱花不完，更多的是怕花了没有效果，不敢花，但大多数企业还是采取"巧"办法，包括很多上市公司，对研发的投入极少，等到每年发公告的时候，有很多费用"充数"成研发费用。笔者经常与老板开玩笑，你这个企业是高科技企业，基本靠报"材料"，而现实中的工程师的比例以及每年对研发的真投入确实比较少。真正好的企业每年必须让研发部门把钱花出去，不能把钱花出去的研发领导不能胜任研发领导岗位。

> 好的企业都有一个共性：细水长流，做时间的朋友。

如果投入达不到预期效果，你应该检讨花钱的地方是不是对的，以及针对花钱目的的管理。这里的关键在于你花的钱所产生的成果被谁利用，这个价值在哪里得到变现，等等。这个必须尽快形成正循环，你投入技术 / 产品，必须能带来高毛利，达不到预期效果，并不是停止投入就能改善的，而是要定期进行检讨、改善。一旦停止投入，短时间可能没有事，但对未来的影响是非常大的，可能对企业的发展造成很大的负面影响。对未来的投入，应该优先投入人才上，先改变人才结构，然后通过人才牵引技术带动未来的发展。

这里笔者离题说远一点。经营管理你说难吗？好像不难，没有什么题目你搞不懂，也没有什么你不认识的字或不知道的意思，说起来好像都是常识，大家都懂。但又很难。为何呢？做到太难，坚持做到更难。所谓知易行难、贵在坚持。笔者经常和企业家们交流，任何一件正确的事情你坚持做 8~10 年基本上就能超越 99% 的企业。

还有一点也很重要。管理这个东西你一定要相信它，坚持去做就会起作用。这个不是心灵鸡汤。这里有个麻烦的事情是很多老板没有经历过，你说的管理，他不理解，没有切肤之痛，当然不会去做了。一般人都是自己吃一堑，才长一智。自己不撞南墙，不会回头。什么事情都要等到你经历过或失败过，你才理解，但那成本也太高了。这种企业不适合 21 世纪，进化太慢了。

别人吃一堑，你长一智的人就可以称为"天才"，就凭着这一点就可以超越绝大多数人。笔者有时候与那些建立起信任关系的老板说，大企业、好企业你肯定没有经历过，但你得相信管理，有些方面你即使不理解，但你相信一回，先坚持做三年，然后再看看效果如何。比如，坚持打造人才队伍、打造学生军，等等。

六、"深淘滩，低作堰"

"深淘滩，低作堰"是确保都江堰水利工程历经千年仍有功效的精髓所在。有专家说，"深淘滩，低作堰"是世界上最伟大的商业模式。

"深淘滩"实际上是自己不断挖潜不断改善，追求生产率的持续提升，提升经营质量，追求有质量的增长。当外部经济处于衰退期、经济形势不景气时，企业所承受的压力就非常大，此时企业比拼的是实力，是经营质量。你的企业人均效率等体现生产率的指标要领先同行，那你就是"肌肉型"企业，外部经济不好的时候，活下来的基本上是"肌肉型"企业。

企业一般不会因为"肌肉"多而死掉。"肥胖型"企业（规模大，但生产率指标没有同比提升）在一定程度上具有优势，但长此下去可能就造成负担过重，影响健康，经济下行的时候，这类企业首先需要开展的是经营提质活动。"癌症型"企业是最可怕的，投入多产出小，很多时候纯属消耗资源，吞噬发展的宝贵资源，比如现金、优秀人才、时间精力等，但入不敷出，难以为继。这种企业在经济不景气时可能就麻烦了，活下来的概率比较小。当然了，经济下行的时候，现金流、未来发展的成本都需要引起关注，纳入管理状态。

"低作堰"是保持合理的净利润，要有生态概念，要让利给合作伙伴，形成生态上的"枝繁叶茂"。这里强调一下，一定要谨防经营误区，追求高利润，对"溢价"比较贪，想赚走最后一个铜板。高利润意味着号召大家赶快来，这里"钱多人傻，发现的人还不多"。高利润很多时候就是一种陷阱，是一种破绽，竞争对手很容易从低处进攻你，尤其是在市场快速扩张的时候。

还有一种情况也很危险，就是过分看重赚钱，看重一定的利润率，低于一定的盈利指标就主动放弃，主动让出市场，最后就会退到"黄土高坡"，就无生意可做了。很多著名的企业就是这样被后起之秀打败的。好的企业一定要"高能高得上去，低能低得下来"，高中低要通吃，对于市场"寸土不让"。企业必须要上一定的规模，"深淘滩"，注重内部挖潜，并不意味着规模不重要，而是既要规模又要效率。没有一定规模，竞争力肯定不强，没有规模体量就没有分量、没有地位。因为你的市场影响力太小了，尽管你很赚钱。

"深淘滩、低作堰"是一种经营哲学。相对成熟的业务到了一定的规模后必须坚持这种理念。这是一种经营持久力。

'深淘滩、低作堰'是一种经营哲学。相对成熟的业务到了一定的规模后必须坚持这种理念。这是一种经营持久力。

七、要质朴，不要"取巧"

汉语中的"巧夺天工"一般是褒义词，形容人工胜过自然，技艺高超绝妙。为什么会出现"巧夺天工"呢？可能是创造者集多种能力于一身，这是一种小概率的事件，不太常见。为什么会赞美它，就是因为太稀缺。

做企业，需要一种质朴之气。有点像曾国藩所说的"结硬寨，打呆仗"，好像没有什么奇谋，没有什么创意，更没有什么神来之笔，但朴实，一步一个脚印，慢慢蚕食敌人，积小胜为大胜。

第一，一开始就选择难而正确的事情，做一个长期主义者，以 10~15 年为周期来思考问题，当然先要保证活下来。快钱、好挣的钱不挣，否则一旦养成习惯形成习气，还有谁会在实验室里默默无闻研发产品，还有谁会在车间里对产品做艰苦卓绝的努力改善，还有谁会风里来雨里去为客户不厌其烦地服务……

第二，将军赶路，不追小兔。不在非战略机会点消耗资源，围绕主航道集中主要优势兵力扎扎实实地推进，打造好组织，通过组织的力量驱动增长，把能力建在组织上。对战略上没有意义的多元化，对核心能力上没有强化的业务，坚决克制自己，敢于放弃。

第三，不要总想到以小博大，要敢于以大博大。不要总想着投机取巧，实力是关键。中国 20 世纪八九十年代创业成功的企业，总有一个误区，总想重复自己过去的成功，说一句不中听的话，很多创业成功的企业首先是时代造就的，时势造英雄。不要太高估自己的能力，运气很多时候和出生年月有关，有些成功是

> **我们提倡一种质朴的文化，挣小钱、苦钱、慢钱、难挣的钱，这才踏实，我们不提倡'巧取'。**

不能复制的。在大势面前，不是你做得有多好，可能只是别人做得比你更差而已。我们不能总是幻想找到一片不为人知的"蓝海"，偷偷驶进去闷声发大财，这种情况一去不复返了。一定要具备在"红海"中厮杀取胜的实力。

第四，通过艰苦付出获得的成绩才是踏实的。要选择做一些大概率的事件，比如，人才的选拔和培养，必须花力气，不要指望采取机会主义的态度，去社会获取现成的人才。人才也不存在性价比，好的人才一定是贵的。当然这个不包括你不会识别人才，虽然花了大价钱，但人选得也不对。

我们提倡一种质朴的文化，挣小钱、苦钱、慢钱、难挣的钱，这才踏实，我们不提倡"巧取"。

八、驾驭矛盾与适应性

从哲学上讲，矛盾是事物发展的底层动力。企业发展其实也是建立在矛盾的基础上，比如机会与能力、扩张与控制、聚焦与多元化、集体主义与个人主义、英雄与平凡的人、精神与物质，等等。我们要善于在时间上、空间上来驾驭矛盾。这是什么意思呢？

比如，扩张与控制这一对矛盾。在市场规模处于快速增长的时候，我们实现扩张政策，求势不求利，谋求产业地位，但要控制好风险，逐步夯实管理基础，让企业不崩溃。一个阶段以扩张为主，另一个阶段必须注重夯实基础，两者相得益彰，控制的目的就是下个阶段打更大的仗，取得更大的胜利。有的地方或产品线我们在战略上就是定位为亏损，和友商拼消耗，以削弱友商的优势，虽然在这个区域或市场不赚钱但对战略上有贡献，这就是在空间上驾驭矛盾。

何为适应性？这里主要包括战略的适应性、业务的适应性、组织的适应性、人才与文化的适应性。由于篇幅的原因，我不做全面阐述。我只重点说战略适应性和人才与文化适应性。

战略适应性，主要从顶层上考虑，战略布局，相对成熟业务、创新业务、探索业务，或通常所说的第一增长曲线、第二增长曲线，等等，这些业务如何协同和归核，还要考虑通过投资来布局，在各个技术路线都要押宝等，比如，微软公司与谷歌公司 AI 方面的竞争，微软公司就通过体外布局 OpenAI 公司获得现在的竞争优势。另外战略适应性还体现在"备胎计划"，也就是 Plan B 计划。

人才与文化适应性，主要指人才的多样性，和而不同。文化上的适应性主要指文化上的"备胎"计划。文化要保持多样性，也不需要完全整齐划一。相对确定的业务可以统一价值观。变革性业务统一于"打粮食和增加土壤肥力"，不确定性业务则需要统一使命、愿景。当年马丁公司"臭鼬工厂"计划其实也是体现一种战略适应性和文化适应性。

九、从赶超到学会做老大

前文已经论述过，中国企业过去四十年的发展大多数执行的是"赶超"战略，跟在头部企业后面拼命追赶，基本上靠低成本运作，更多采取的是"压榨"供应链策略。这种策略在成为老大的路上基本没有问题，但一旦成为老大了，却需要改变自己，过去的一些成功经验可能是"陷阱"，做老大要有老大的做派，不能按照赶超头部企业的思路行事。

讲一个故事，笔者服务过一家全球销量领先的企业，记得第一次与这个企业核心决策层沟通的时候，笔者就问了一个"灵魂拷问"的问题：从规模上说，你们已经成为全球老大，你们的供应商中有无企业因服务你们而感到自豪，或因为服务你们而发展得不错，企业上市了。就像苹果供应链中的企业，很多果链企业都因为苹果公司的带动而上市，或者成为隐性冠军企业。这时这个企业的创始人马上接过话题，转脸对经营团队说，老师问的问题非常犀利，我们要反思，我们

真正的老大决定着这个行业的利润分布，一定要肩负着这个行业健康发展的责任，这是一种社会责任。

就希望供应链的企业又小又弱，没有话语权，我们好天天降他们的价格。这个就是中国一些行业头部企业较为普遍的做法。中国的一些大企业什么钱都想挣，具有很强的"侵略性"，所到之处吃干榨净，寸草不生。好比植物中的"薇甘菊"，能对同域内的植物造成毁灭性的伤害。

真正的老大决定着这个行业的利润分布，一定要肩负着这个行业健康发展的责任，这是一种社会责任。真正的老大必须确保产业链上的企业都要有相对合理的利润空间，唯有如此，这个行业才能进入良性发展状态，同时要时刻警惕产业变迁的趋势，提前布局。

十、为未来培养合格的管理者

一个企业真正光明的未来，是为未来培养出一批批合格的管理者。判断一个企业有无活力的标志就是看这个企业能不能"生产出"批量的合格管理者。这里对那些容易被忽视的地方做一点阐述。

第一，对企业负责招聘的岗位实行高配，尤其重视基层员工的招聘，基层员工的招聘质量，决定着3~5年后中层干部的质量，8~10年后高管的质量。企业人数规模小的时候（小于400人），创始人或老板要亲自挑选员工，哪怕是一名前台服务人员。

第二，人才是用出来的，尤其趁年轻的时候用。很多老板总是觉得自己的干部还有点"嫩"，还需要历练，这恰恰说明立马要放手用人才。你只要大胆用人才，你就有"惊喜"，很多人会出乎你的意料，但有一点很重要，出了问题，领导必须自己兜着，不能把责任推到下面去。人只有犯错误才能成长。当然错误不能重复犯，尤其职业操守的错误不能犯。

第三，偏基层的岗位要尽量设计综合一点，这样便于识别出人的长处，便于锻炼人的综合能力，把年轻人的锻炼放在层级比较低的岗位，这样即使发生了错误，其影响也能控制。

第四，老板或一号位要善于把后排的人往前排提，要有机制确保后排的人能和老板直接汇报沟通。比如，设计一些项目定期向老板直接汇报，汇报人的级别按照正常情况下属于越级了。这样做的好处，一方面便于老板识别人才，另一方面对人才大局能力的提升帮助非常大，他虽然是团长、师长却想的军长的事情，因为直接向司令汇报。

第五，有效分权企业容易出人才。现在企业特别强调决策执行一体化，决策与责任前移，离客户近的人、掌握现场的人、掌握信息多的人应该有充分的决策权和指挥权。

这里强调一下，人才的培养和开发一定要面向未来。

以上十点是笔者对做时代的企业，但不依赖时代的思考，仅供读者朋友参考。

既要包容失败，
更要极力追求有效创新

■ 作者 | 宋志平　中国上市公司协会会长、中国企业改革与发展研究会会长

　　创新是什么？这是一个问题。创新的目的是什么？这是另一个问题。

　　诺贝尔经济学奖获得者费尔普斯认为，**创新就是要在我们头脑中思考和形成更好的做事方式，或者一件可以做得更好的事情。**

　　我们现在为什么需要谈创新？20年前创新是个新名词，现在已经是一个老生常谈的话题了，但又是每家企业、每位企业家都必须认真研究的重要课题。

　　迈克尔·波特在《国家竞争优势》一书中将经济发展分为生产要素导向、投资导向、创新导向和富裕导向四个阶段。中国经济发展目前正迈向第三个阶段，即从要素和投资驱动转向创新驱动。

　　创新和转型是当前中国制造一个首要的任务。我们现在不仅面对着过剩，面对新常态和持续发展的难题，还面对着国际上的贸易摩擦和民粹主义思潮。许多关键的"卡脖子"核心技术必须突破，不然企业就要面临生死存亡。我们还有一个奔向世界一流的目标，这就把我们的创新和经济转型紧密地联系在一起了。

一、创新主要跟文化有关，文化是创新的基础

　　那么，创新跟什么有关？我认为，创新跟制度无关，主要跟文化有关。创新文化很重要，文化是创新的基础。

肯尼斯·霍博有一本书《清教徒的礼物》，这本书非常好，讲美国这个国家的移民是怎么来的，当年都是从英国很多小乡村里走出来，大家坐着船来到了美洲大陆。

美洲大陆的冬天寒冷，有些移民没有算好食物储备量，很多人都快冻死或饿死了，也有的在美国顽强地生存了下来。移民来到美国的并不是什么大款，都是一些英国清教徒。

他们的价值观里有几点：第一，要建设天国，天国就是美国梦，后来美国人的美国梦就是从清教徒里来的，每个人都想要建一个新的天国；第二，有创新的精神；第三，集体主义；第四，勤俭持家。

为什么美国这样一个年轻的国家能够迅速地发展起来，我看了《清教徒的礼物》这本书还是很有感触的。了解美国的过去才能知道它的现在，了解它思想根源的地方，才能了解它为什么成功。

"创新＋企业家精神"，是美国科技强大与发展到今天的根源。

在整个波士顿，围绕麻省理工学院这一核心，围绕 128 公路形成了以电子、宇航、生物工程为代表的环状创新带。

硅谷的创新能力非常强，其中的创新项目并非都是政府支持的，而是由一些企业、个人自发形成的。在硅谷附近聚集了很多在创业的学生或社会人士，斯坦福大学的学生们在咖啡馆里面讨论，当有了创意，大家就去创业了。

美国许多著名的公司，像惠普、微软、谷歌、苹果、优兔（YouTube）、戴尔等都是从车库这样简陋的地方孕育出来的，很多人戏称"车库是美国 IT 业的摇篮"。

所以，《世界是平的》一书的作者、经济学家弗里德曼曾这样说：你们中国人什么都可以拿走，但是有一招你们没学会我们就不怕，那就是美国民间的创新能力、创新文化。

有人曾提出过这样一个担忧：中国亟须进行高速的本土创新，但到底中国是否有这样一个文化氛围能够去推动大规模的本土创新呢？这个问题是需要全社会来共同关注的。

创新要让创新文化根深蒂固，这点很重要。

二、企业要关注变化，并且不被过去所捆绑

创新很容易颠覆掉过往许多看似牢不可破的东西。

哈佛大学商学院教授克莱顿·克里斯坦森在 1997 年的书《创新者的窘境》中讲到，过度地管理，一味地依靠过去的方法的企业会衰败，为什么？原因是没有把创新放在手中。

他的观点是，如果过分看重管理，管理层所做出的合乎逻辑的和强有力的决策，可能会使得他们失去领先地位，原因是领先企业往往太注重现有客户和市场，对原有技术路径过于依赖，在突破性技术来临时可能与之失之交臂，不大重视创新就会被颠覆掉。

而对企业来说，最害怕的就是产品或者技术被颠覆，尤其是大公司。

大家知道胶卷时代的国外品牌有柯尼卡、柯达、富士，国内有乐凯，很著名。在柯达研发出数码技术后，围绕着乐凯到底上不上更大规模的胶片生产线的问题，国家相关技术委员会组建了专门的班子，请了大量专家研究数码究竟意味着什么。

柯达的人不相信数码的未来，乐凯的人也不信，因为当时数码相机只能达到 100 万、200 万的像素，索尼拿它做小薄片，生产袖珍相机，只是一个拿着玩儿的东西。

> 企业应该关注身边的变化。如果你跟不上变化，不进行创新，就有可能被颠覆掉。

最后大家达成一致看法，数码相机不行，小孩当玩具玩儿可以，照相不行，不可能取代胶片。因为胶片技术是卤化银成像技术，有 100 多年的历史，从黑白发展到彩色，已经非常成熟了。

于是，乐凯又引进了一条更大规模的胶片生产线。后来大家知道数码相机的像素越来越高，现在照相机一般是 1 亿、2 亿的像素，我们手机也能到达一两千万的像素，而且不像过去拍照那么复杂，简单易操作，所以几乎人人都会拍照。结果乐凯一下子就被颠覆了，后来被另一家中央企业收购了。这就是变化。

企业应该关注身边的变化。如果你跟不上变化,不进行创新,就有可能被颠覆掉。

三、创新方法论:"看着一个,吃着一个,还得备着一个"

那么,我们又该如何应对颠覆性创新的浪潮呢?

我的观点是:看着一个,吃着一个,还得备着一个。

管理学中有一个理论叫作"第二曲线"。什么叫"第二曲线"呢?产业发展有生命周期,任何一条增长曲线都是先升后降的抛物线,当一个业务做到高点就会衰退,应该做另外一个业务跟上去,在拐点出现之前开始一条新的增长线,从而实现持续增长。

一个产业,在企业觉得很舒服的时候大概已经过了高点,往下降了。所以,第一条曲线就是做好现有产业的结构调整和升级,不断提质增效,持续性创新还要不断赚钱。第一条曲线高点越过了往下走,那该怎么办呢?第二条曲线开始了,那中国建材的第二条曲线是什么呢?大力发展新材料、新能源、新型房屋等"三新产业",快速增长。

2018年国内六大新材料让中国建材赚了100亿元的利润。第二条曲线将来也会下降,中国建材又做了第三条曲线。

所以说,企业不能坐等新技术突破的出现,采取一成不变的技术战略是不明智的;相反,企业需要主动出击。

四、一定要避开创新的两大误区

第一,非高科技不是创新的误区。

一讲到创新很多人就会想到高科技。高科技的创新确实很重要,但并不是只有高科技才能创新。德鲁克说,**创新一定要有高科技的观点是错误的,因为它无法解释市场上发生的现象。**

按照经济学家尼古拉·康德拉季耶夫的观点,1965—1985年欧美处于经济结构调整期,欧洲经济开始衰退,美国却出现了繁荣，就业人数从 7000 万人增长到 1.1 亿人，新增就业岗位约 4000 万个。在实现大规模就业的同时，美国保持经济长时间的繁荣是怎么做到的呢？经过研究，彼得·德鲁克认为能让美国躲避衰退的原因，**是美国由管制型经济转向了创新型经济，是创新使得美国经济持续繁荣。**

但是，在新增的 4000 万个就业岗位中，只有约 600 万个是高科技岗位。其实高科技的研发创新，无论是新材料、基因工程、芯片、航天、海洋科学等，都需要花很多的钱、很长的时间，不是个简单的事情。

彼得·德鲁克用大量实例证明，创新不一定都靠高科技，中科技、低科技、零科技也可以创新，而且他认为高科技对于创新的贡献只有¼，中科技、低科技、零科技的创新占比更多，尤其是商业模式创新。

比如淘宝网没有什么技术，或者说有点技术，也都是通用的网络技术，它只是做了一个平台，更多是商业模式的创新；星巴克做咖啡做到全世界，一定不是高科技，可能是"低科技 + 零科技"，但它也做成了全球最受欢迎的咖啡品牌之一。

我讲这些是想说，对大多数企业来讲，既要重视高科技的应用，也要重视自己行业里技术创新现实的问题，不要一股脑儿全去搞高科技，这是一个误区。

第二，盲目创新。

企业创新还容易陷入另外一个误区：盲目创新。彼得·德鲁克说，"有目的的创新可以回避 90% 的风险"。盲目创新则会造成很大的损失。

企业里的创新一定要有效益，不能带来效益的创新尽量别做，这是我的原则。没有效益的创新会拖累企业的发展，这样的教训不少。

大家都知道摩托罗拉，曾经是非常了不起的一家公司，曾研发出一个创新成果——铱星电话，发射了 66 颗卫星构成铱星卫星移动通信系统。

大概 20 年前我去印度尼西亚的时候，发现当地有钱华侨的两个特征，一个是大企业家都穿着花衬衫，保镖前呼后拥，这是基本特征；另一个是坐着奔驰车，头顶有根很高的天线，干什么用呢？是接收铱星电话信号的。

那时候我就知道铱星电话很厉害，可以在全球任何一个地方通话。但是铱星电话存在科技跳蛙，无法解决信号屏蔽的问题，室内使用受限，一定要去室外才行，虽然说在山顶上、草原上等人迹罕至的地方都能打，却不能在屋子里打。因为替代性不强，所以没能竞争过现在的蜂窝电话系统，摩托罗拉因此亏损严重，受到很大的拖累。

摩托罗拉这家公司失败就在于最开始在铱星电话项目投了几十亿美元，却没有产生效益。当然后来摩托罗拉没有迅速转向平板手机，也是一个问题，但是它最初的问题就是铱星计划的失败。

> 企业里的创新一定要有效益，不能带来效益的创新尽量别做，这是我的原则。

铱星电话毫无疑问是个创新，它比我们现在铁塔发射的方式要创新得多，可是发射了66颗卫星，非但没效益，还给摩托罗拉带来致命一击。所以说，不是所有的创新都能拿来用，而是要思考这个创新怎么样，是否能有效益。

于企业而言，赚了钱的技术通常是好技术。

上面是企业创新容易陷入的两个误区，要尤为注意。

五、虽然要包容失败，但仍要极力追求有效创新

从做企业的角度来讲，总是要想怎么能够成功，怎么能减少失败。创新是一个好东西，那么，企业究竟怎样才能降低风险，开展有效的创新呢？总结起来有以下4个方面。

1. 要有目的地创新

有些企业经常偏离主业或者偏离解决问题的正确方法，听了一耳朵，立马就干起来，造成非常大的损失。做企业是个漫长的过程，着急不得，也冲动不得。

　　企业不是兴趣小组，企业的创新要有方向，有好的问题意识。以中国建材做过的碳纤维材料为例：

　　碳纤维是高档复合材料的重要原料，这种高强度、耐高温的绝佳新材料，一般用在火箭和飞机上。因其国防工业用途，一直是美国和日本对中国严加封锁的技术，中国建材一直想攻克它。

　　2007 年我到连云港出差，当地政府工作人员跟我说他们市有一个做碳纤维的企业家，我便托人邀他见个面。

　　这位企业家叫张国良，曾在连云港化纤机械局任局长。他是从做化纤机械的角度去做碳纤维的。我一听这个逻辑是对的，我觉得有道理。而且这个人能够 48 小时蹲在车间里不走，我一想有这个精神什么都能做了。

　　我就问他碳纤维在全世界的生产情况。他说日本做到 1 万吨，美国做到 1 万吨，中国台湾做到 3000 吨。我跟他说，我来支持他做，因为这是烧钱的事，我们合作也能做到 1 万吨。1 万吨的目标把他吓坏了，他原来的想法只是要做 200 吨。

　　12 年过去了，我们真的就做到了 1 万吨。前 10 年都不赚钱，这两年开始有微利，所以这是很不容易的。2018 年，中国建材的高性能碳纤维产业化技术获得了国家科技进步一等奖，填补了我国碳纤维高端技术的空白。我们的大型客机 C919、C929，以及很多航空项目都在用这个产品。

　　碳纤维的创新目的极其明确，就是必须要做，因为不做不行，这是外国卡我们脖子的一个项目，所以中国建材作为中央企业一定要做。

　　2. 要有组织地创新

　　创新需要要素集聚，重大创新需要长期投入、精心管理。创新不能靠单打独斗，任何创新都在一个系统组织中进行，形成功能互补、良性互动、开放共享的创新格局。

　　创新需要战略勇气，而有效创新更需要系统支撑。过去电信行业的 3 家中央企业每家建一个铁塔，铁塔都互相挨着，何必呢？后来新组建的铁塔公司把 3 家的铁塔统一起来集中运行，3 家各出资 30%，大家共用，不但节省了巨额投资，还聚集了很多资源。这就是组织，企业之间应该合作，协同创新。

3. 要在熟悉的领域创新

相比而言，企业在熟悉的领域创新更容易成功。做企业，业务选择很重要，但选对了业务只是开头。业务选好后可能需要一二十年或二三十年甚至更长时间，企业才能做到一流。

在创新的过程中，如果我们放着熟悉的业务不做，反而进入一个完全陌生的领域，一切从零开始，犯下颠覆性的错误的风险就会很高。

当年美国为刺激房贷推出了次级按揭贷款，一些人把数理模型做成了金融产品，到各个银行推销，很多银行就买了，但也有的银行怎么也没听懂这个东西，没买这个产品。后来次级按揭贷款出了问题，有的银行就倒闭了，而有的银行却因为没听懂没买而未受损失。

创新需要要素集聚，重大创新需要长期投入、精心管理。

我讲这个是什么意思呢？就是不熟悉就别做，如果管理层班子里没有一个人真正熟悉这个产品，来了一个推销的，听他说东西好，大家就干了，这十有八九会出问题。

4. 要汲取别人的经验

创新是关键的一跃，丰富的经验基础有时候比投资还重要。在创新领域里，我们要更多地思考现在大家已有创新的一些基本情况，哪些经验我们可以吸取。

我们就说爱迪生做灯泡，其实在他发明灯泡之前，前人已经做了灯泡90%的研究工作，他是在90%的基础上又进行6000次实验才把灯泡做成了，也就是前面的人做了那么多的投入而未见功，但如果没有前人的经验，爱迪生也很难把灯泡做出来。

所以，我们做创新的时候切入点很重要，选择也很重要，要很好地总结归纳前面大家所做的工作，不要去做过多的重复性工作。

2014年，中国建材在切入铜铟镓硒太阳能领域时，收购了一家德国的公司。几年前欧洲主权债务危机时，这家公司真的没钱了，处境很困难。它曾先后属于3家世界500强企业，第一家是西门子，后来转让给壳牌石油，壳牌石油将其转让给圣戈班，最后转让给我们，我们也是世界500强企业。

我们为什么愿意接手呢？我当时就想，接力棒的第四棒是最后一棒，接过来应该就跑到终点了。果然我们接过来，现在跑到终点了，我们把这个东西做好了，而且赚钱了。

那么多科学家前赴后继做这个东西，之前一直都没赚到钱，所以创新有的时候切入点很重要。有人说：宋总，如果没有西门子当年的投入，那还有今天吗？确实可能没有，但是，从另一个角度讲，如果没有我们接棒跑到终点，这个技术可能就被放弃了。

所以这个逻辑是对的，作为商人，我们不希望自己先牺牲，而是希望前面的人烧到99℃，我们再烧1℃就开锅了这样的一个理想状态；如果前面点位烧开了，那么也就没我们的机会了，所以把握进入时机非常重要。

六、创新需要用心发现机遇、把握机遇

创新的机遇无处不在，但又转瞬即逝。敏锐的创新意识来自长期实践观察，做企业要用心，才能把握创新机遇。以下5种情况可带来创新机遇。

1. 结构调整带来的创新机遇

每次大的经济结构调整中，总有企业因不适应变化而销声匿迹，也总有企业因敏锐捕捉并抓住创新机遇而获得快速发展。

在我国经济迈向高质量发展的新阶段，企业在供给侧结构性改革、联合重组、技术创新、节能减排、"一带一路"走出去等方面都大有可为。

我们讲水泥是好东西，我还想跟大家讲石头子和沙子也是好

东西，学名叫骨料。大家肯定没人愿意做，甚至想都不愿意想，但是你知道石头子毛利率是多少？知道以后恐怕你就想做了，有50%。为什么有这个机会呢？在2018年，中国一年需要水泥22亿吨，而中国一年需要200亿吨骨料，这一数量是水泥需求量的近10倍。

过往这个市场比较无序，很散很乱，后来政府对其进行了规范、整合。一个奇大无比的生意，就藏在了这个调整的过程中。这就是结构调整带来的创新机遇。

赚钱我们要赚高科技的钱，也要赚零科技的钱，赚两头的钱，这就是我这么多年的逻辑。零科技一样有大创新。

2. 市场需求引发的创新机遇

中国的市场需求现在正处在持续的转型中。我们熟悉的高铁、支付宝、共享单车、网购这"新四大发明"，就是因为满足并挖掘了人们在出行和消费等方面的深度需求而广受欢迎。

3. 新知识新技术带来机遇

新知识新技术是企业创新拉动力，例如互联网技术让传统制造业发生了深刻变革。

2014年阿里巴巴成功在美国上市后，我们中央企业几位老总跟马云一起搞了个小沙龙，就问马云，在互联网时代，国有企业遇到最大的问题是什么？

马云说是观念和商业模式的问题，以前都是B2C，企业的流程是做流水线的统一标准产品，客户去选，思考的是怎样让客户买产品，像我们买鞋到商店试一试，选择合适的款式和号码。

> 赚钱我们要赚高科技的钱，也要赚零科技的钱，赚两头的钱，这就是我这么多年的逻辑。零科技一样有大创新。

但现在讲的是C2B（消费者到企业）、O2O（线上到线下）等，有了大数据互联网，工厂可以掌握消费者的相关信息，每个客户的数据就会指导着生产。比如鞋厂知道客户的脚码，只要客户需要，鞋厂就给他定做。这种思维和模式的改变会带来根本性的变革，改变制造业流程。

马云说这可能是对国有企业最大的挑战。

当年沃尔玛进入中国，就用这种为客户提供定制服务的思路改变了许多供应商企业的经营模式和业务流程。淘宝这种互联网企业也会引发中国制造企业的变革。他给我们上了一课，让我想了很多。

4. 竞争压力倒逼出的创新机遇

面对市场竞争压力，企业更需要靠创新来解决各种问题，才能在市场中捷足先登。在竞争压力倒逼下，企业奋力求生，也可以带来一些创新的机遇。

像北新建材做的轻质高强石膏板就是一个例子。过去发泡剂不行，石膏板很重，用石膏板的成本就高。现在工人们发明了新的发泡方法，做到石膏板既轻又强，而且节约了大量石膏。只此一项创新，北新建材每年就节约 2 亿元成本。

5. 时尚潮流带来创新机遇

我常想苹果手机的创新秘诀究竟是什么，我认为它得益于两点。

一是把电脑搬到手机上去。2007 年我到美国，那时苹果电脑做不过 IBM，发明了 iPod 随身听，我到体验店去给小孩子买了一个。体验店员工告诉我马上要出 iPhone 了。我问："什么叫 iPhone？"店员说是苹果手机，我就很惊讶："你们还做手机？有一个 iPod 就不错了，手机也是诺基亚、摩托罗拉的按键式吗？"体验店员工说不是，是平板式，又可以当电脑，是智能化的。我当时听了不大信，过些日子果真 iPhone 就出来了。

苹果手机成功的另一个原因就是把时尚概念引入手机，符合市场流行趋势，满足年轻人的喜好。苹果的营销理念，包括提前发售、让大家排队——这哪里是做手机的打法？这是做奢侈品的打法——而且把很多软件应用嫁接进去，构建移动应用平台，让买苹果手机成为一种时尚潮流。

最后，一个企业的失败往往是因为墨守成规和缺乏创新精神，缺乏创新会葬送一个企业，努力创新则会救活一个企业。

从企业家来说，企业家不是按部就班做事的人，而是创新的发动机——在大家都在做同一件事时，企业家应该想怎样做另一件事。企业家必须经常与自己的思维定式作斗争，用活跃思想寻找各种商机和可能性，同时也要承担起伴随创新而来的各种压力和风险。

当然，创新是不容易的，创新往往是被倒逼的，但即使在十分困难的关头，做出新的选择也不容易。尤其是国有企业，容易因循守旧，而且每迈出一步都存在不确定性。

所以，我常对大家说一句话："我们总要向前再迈一步。"🔲

注：本文编选自《问道创新》，中国财富出版社，2019年10月第一版。

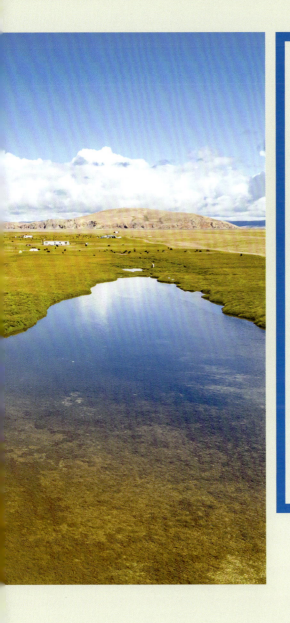

阅读

CHINA STONE▶▶

　　再思考数字化，这也是必需的。通胀之下，各方面资源消耗增加，但数字化可以扭转不利局面。即便资源极为有限，也至少要从局部入手，推动数字化。

　　——拉姆·查兰　格里·韦利根

斯隆主义消亡后

■ 作者 ［英］阿德里安·伍尔德里奇

> **提 要**
>
> 今天，一些大公司正在致力于将自己拆分成数以千计的小单元——希望据此"投权"给第一线工作者。

斯隆主义的消亡

对正在发生的企业变革的真实解释，远比有争议的企业规模消亡论更为深刻。越来越多的管理思想家认为，任何规模的公司都在经历一种过渡，即从基于控制的企业模式过渡到基于创业精神的企业模式。这一学派的创始人是哈佛商学院的克里斯托弗·巴特利特、伦敦商学院已故的苏曼特拉·戈沙尔，该学派的倡导者还包括欧洲工商管理学院的伊夫·多兹和金伟灿、伦敦商学院的加里·哈默尔，当然了，也包括密歇根大学罗斯商学院已故的普拉哈拉德。

这种正在消亡的意识形态即斯隆主义，一种以阿尔弗雷德·斯隆（于 1923 年接任通用汽车公司的总裁）的名字来命名的管理哲学。斯隆的伟大之处在于，他在管理领域完成了享利·福特在工作领域所做的那种开创性工作，即把管理变成一个可靠的、高效的、类似机械般精确的程序。确实，在很大程度上，斯隆体系被认为是为福特等脾气糟糕的开拓者们开发的一套矫正措施，福特曾非理性地排斥生产其他车型，只偏好生产"T"型车（他也曾推出过少量略做修改的款式），这几乎令他的公司破产。

斯隆想要创造一个能自行运作的公司，他的解决之道是建立现代多部门公司，即将业务划分为一系列半自治的运营部门，各个部门负责维护单个业务或者单个市场的市场份额和利润，各个部门的负责人向集团总部汇报工作，而总部则负责制定长期战略和配置资本。位于最顶层的是职业经理人阶层——社会学家一度将其贬称为"组织人"，而一些评论家却日益怀念他们。

斯隆主义造就了许多美国资本主义最伟大的成就。通用汽车公司在美国的市场份额自斯隆接手公司后，从 20 世纪 20 年代早期的 18%，上升到 70 年代后期的 45%，使其成为迄今为止世界上规模最大的汽车公司。而其他大多数美国企业，从化学界的杜邦公司到工程界的通用电气公司都沿用了这一理念的变形版本。然而从 20 世纪 70 年代起，斯隆模式遭到了全方位的攻击。日本开辟了第一战场：用更好、更廉价、更可靠的商品席卷西方的市场，通过采用基于团队合作的"精益"生产模式，避免了斯隆体系的人员疏离和资源浪费。

从分权到授权

邀请大量的供应商和竞争对手进入"斯隆的城堡"，是对这位伟人最钟爱理念的公然攻击。然而现代管理学以另一种方式背叛斯隆可能才是最残酷的打击：斯隆的批评者接受了他的一个理念——"联邦分权制"，然后将其推到一个斯隆绝不会赞同的极端。

斯隆曾将通用汽车分成几个独立的分支：如别克、庞蒂亚克和雪佛兰。今天，一些大公司正在致力于将自己拆分成数以千计的小单元——希望据此"投权"给第一线工作者。

美国盈利最好的食品零售商全食公司根据每平方英尺的盈利能力为判断依据，组建自治团队。团队成员控制着从公司员工数目到公司股票等一切事务：他们投票决定是否允许一个潜在的新雇员加入团队，并集体决定什么货品可以上架。然而，对于一些管理理论家而言，即使是这种等级的分权也是不充分的。例如，汤姆·彼得斯认为公司应该将每个员工看作一个由他全权负责的小公司。

在如此极端规模上进行分权的问题在于，它似乎与无政府状态只有一步之遥。彼得斯的追随者可能会本能地回答："很好。

加油吧！"但另一方面，很多大型企业，如宝洁和麦当劳，似乎跟虚拟企业一样能在新混沌世界里繁荣兴旺。甚至像谷歌等紧跟时尚潮流的公司，与其说它们无组织，倒不如说是组织方式有所不同。这些公司或许扁平和灵活，但它们不只是孤立个体的集合，存在着某些事物让它们聚合在一起。这便是一系列构筑公司的新构件。

构筑公司的新构件

新构件之一：核心竞争力。

随着斯隆体系的瓦解，公司自然而然地倾向于寻找另一种架构来代替一系列新的部门、团队和小组。遗憾的是，并没有那种放诸四海皆准的解决方案。更确切的说法是，管理理论一直倾向于关注那些"平行组织的公司，并利用平行组织来为各个组成部门建立架构及指明方向"，这种管理技术包括网络建设和创业精神。但是在此之前，每个公司的起点都是管理理论中最丑陋、却是最重要的术语："核心竞争力"。

> 核心竞争力是最根本的特殊技巧和才能，它赋予公司特有的风格和独特的竞争优势，是竞争对手所无法复制的秘密武器。

"核心竞争力"理念是哈默和普拉哈拉德在 20 世纪 90 年代提出的。核心竞争力是最根本的特殊技巧和才能，它赋予公司特有的风格和独特的竞争优势，是竞争对手所无法复制的秘密武器。

然而，核心竞争力的全部意义不在于一家公司能做什么，而在于它决定不做什么（然后便可以将不做的外包给专家做）。通常，选定一个核心竞争力意味着排除掉那些表现不佳的生产程序。耐克公司设计并销售运动鞋，但其本身并不制造运动鞋。在半导体产业，"无晶圆"（没有晶圆生产设备）公司，如美国的凌云逻辑只专注于设计，这就为台湾台积电等作为"晶圆代工者"（按照订单进行生产的制造厂商）保留了销售其产品的空间。

　　核心竞争力的问题之一是它可以被解读成几乎任何事物。20 世纪 90 年代，韩国政府曾试图将公司限制在少数几个核心业务中，但财阀（韩国对于企业集团的俗称）的对应之道是选择那些范围广泛的领域，如技术、工业和能源。在法国，自来水公司认为自己天生就该从事有线电视业务，因为其就像自来水业务那样，也涉及管道，而且有一套复杂的计费系统。这种做法导致了维旺迪集团的一场灾难。

　　正如哈默和普拉哈拉德承认的那样，核心竞争力的另一个问题是：**如果市场发生变化，再加上管理人员墨守成规的话，"核心竞争力"就很容易会退化为"核心僵化"。**使新创企业得以成功的不懈专注往往可能会变成障眼之物。索尼以其独有技能，无止境地对产品进行多样化生产，最终使其客户感到厌倦。以工程师为导向的文化是谷歌得以成功的核心竞争力，但它也可能使谷歌忽视了考虑"更软性"的问题，如个人隐私，而这可能最终会对谷歌造成损害。

　　新构件之二：革新。

　　因此，将核心竞争力视为一成不变的是极为危险的。这就是为什么现代管理理论家们总是想方设法使公司对其业务保持警惕，或者用业界术语来说，对公司进行"革新"。认真实施革新操作的动力必定来自公司顶层。

　　有时，首席执行官们感到自己别无选择，只能从内部"炸毁"公司，杰克·韦尔奇也许就是这种管理风格的最佳实践者。但通常情况下，他们偏向采用一些不那么剧烈的举措。2010 年年初，谷歌步入一场中年危机，它被苹果的手机 (iPhone) 和平板电脑（iPad）抛在身后，并被 Technorati 抨击为"哥斯拉"，称其体型庞大且反应迟钝。然而，谷歌公司巧妙地通过推出安卓（Android）手机重新振作起来。

　　对于谷歌而言，安卓不仅仅是一个畅销的小发明（到 2010 年中期，其销量已超过 iPhone，虽然产生的利润要低得多），它也是实现公司革新的关键所在。谷歌承认其著名的搜索框已逐渐过时，而安卓手机以及众多其他智能手持设备为它提供了一种维持其继续掌控网络广告的方式。搜索框的问题在于，它只是简单地回应你的需求。但是一台设备如何才能在你知道自己想要什么之前，就知道你想要什么呢？比如，在你回家的路上，向你推荐晚餐的一个完美新去处，或者告诉你，就在拐角处，可以找到你已经苦寻数年的初版刊物。谷歌认为，搜索的力量刚刚开始得到开发——事实上移动设备而非个人电脑，是扩展此力量的最佳定制设备。

新构件之三：网络体系。

重塑自身形象的最佳方式莫过于打造一个全新的"平台"。然而企业推出了一个更日常的方式使自己保持警觉，即永不间断的内部网络体系。IBM 已经推行了两次全公司范围内的电子头脑风暴活动。涉及人数超过 15 万，这促使它更加关注例如绿色计算等领域。思科公司率先运用自身的视频技术来改善员工之间的沟通交流。

但电子会议不能完全替代现场会议。对于高级管理人员而言，1 个月中有 3 个星期时间在出差并不罕见——"走动式管理"已经变成"飞翔式管理"。但是明智的公司会把底层的职员聚在一起，希望他们能产生火花。沃尔玛则利用公司的私人飞机，搭载商店经理到它位于阿肯色州本顿维尔的总部参加会议。几乎每个企业都会定期举办资深管理人员的休闲旅行，以及营销部门的全球聚会。

新构件之四：企业文化。

核心竞争力、革新和网络体系——愤世嫉俗者可能会说，对于构筑一家公司而言，这听起来像一份意义相当模糊的列表。而对于列表中的最后一个条目：企业文化，他们可能同样觉得意义不明。管理理论家认为，"文化"是将散沙一般的大众凝聚在一起的黏合剂，是激发员工自律以及使管理者和工作者（这里借用两个过时的术语）能够彼此信任的未知因素。然而，"文化"难道不是一种无可救药的模糊术语吗？而且不是存在许多关于企业文化力量的循环论证吗？管理理论家喜欢列举宝洁、强生等公司作为企业文化力量的例证，但这些公司之所以成功，是因为它们有强大的企业文化，还是它们因为取得了成功，所以才有强大的企业文化呢？

企业文化的倡导者很难通过在使命宣言上多做文章来强化他们的观点，使命宣言通常读起来像是将一堆流行词汇无序地串联在一起（甚至有一个自动"使命宣言生成器"能为你完成这项堆砌工作）。谷歌以简单的口号——"不作恶"成功地将使命宣言嘲讽了一番。美国高档连锁百货诺德斯特龙公司发给雇员的不是厚重的员工手册，而是简简单单的一张纸，上面写着："在所有情况下，善用你良好的判断力。"

但毫无疑问，最好的公司是以一套核心价值为指导的，即公司努力提炼并致力灌输给员工的价值观。吉姆·柯林斯写过一系列书籍，论证成功公司的共同点是拥有一套"核心价值"，即核心竞争力的文化形态。惠普有"惠普模式"（从未被写进任何一本员工手册里），强生公司有自己的"信条"（据说正是它引导强生公司渡过了"泰诺"危机，当时有一个疯子在公司生产的一些泰诺药片上投放含有剧毒氰化物）。迪士尼"帝国"里散布各地的电视台和主题公园，通过其增进健康和快乐的企业承诺紧密地联系在了一起。IBM 恢复元气是由于它重新聚焦其核心价值（即 IT 解决方案），而不是一味地专注于商业策略（即占领大型机市场）。

> **最好的公司是以一套核心价值为指导的，即公司努力提炼并致力灌输给员工的价值观。**

最好的公司还致力于创建共同文化。美国房地产公司卡姆登房地产信托任命了一位"文化大使"来引导新员工。美国食品巨头 J.M. 斯马克公司为所有在公司工作了 5 年或者更长时间的员工开设了一门名为"回复本原"的进修课程，鼓励资深员工分享关于公司价值观及这些价值观如何帮助他们克服逆境的故事。电子港湾利用美国圣何塞园区的设计来表达及巩固其企业文化：每座建筑代表了一个在该网站销售的商品类别（珠宝、汽车、玩具等），每座建筑内的每间会议室都是以其所属商品类别的子类别来命名的（红宝石、钻石项链等）。不仅如此，每个房间都会得到一笔预算，鼓励员工在电子港湾上为会议室购买适当的装饰品：红宝石房装饰着红宝石拖鞋，而"甜美的卡罗琳(歌曲名)房"可兼作尼尔·戴蒙德(流行歌手)的圣地。

值得注意的是，许多今天的商业偶像，例如维珍集团的理查德·布兰森、哈泼娱乐集团的奥普拉·温弗瑞，或美国西南航空公司的赫伯·凯勒尔，都是热情参与的管理者。但即使是最擅长鼓舞人心的领导者也需要付出辛勤努力。温弗瑞将自己的许多时间用来开会，去批评及表扬她的员工，多年来，谷歌创始人拉里·佩奇和谢尔盖·布林一直出席每周五下午公司的非正式聚会，当创始人分享公司新闻及回答所有提问时，员工或者坐在排成半圆的椅子上，或者通过电子设备来收听。各地资深管理人员都把更多时间用在所谓的"人类工程学"(Human Engineering)上，以便充分了解员工。

"人类工程学"的核心是招聘和培训。现代企业教育的目标之一是鼓励自律(在理想的斯隆组织里，它被认为将取代来自上层的权威)。宝洁公司招聘特定类型的人；在谷歌，佩奇和布林参与招聘的具体事务。人力资源部门曾经遭到公司的轻视，然而现在越来越多的公司将该部门的领导者提拔进董事会。公司越"人性"而非"机械性"，它们就越要确保招募正确的人选。🔲

资料来源：摘编自《管理大师》，[英]阿德里安·伍尔德里奇/著，熊睦铭、施轶/译，中信出版社，2013年7月。

书　　名：《管理大师》
作　　者：[英]阿德里安·伍尔德里奇
译　　者：熊睦铭、施轶
出 版 社：中信出版社
出版时间：2013年7月

别让伟大目标禁锢了思维

■ 作者 | 孙树强

· 提 要 ·

　　改变世界的神奇公式并不存在，或者说伟大的成就并没有成功的脚本，它们往往没有经过周密的计划和明确的安排。

　　无论是在个人的经历中，还是在国家的发展中，目标和计划会发挥较大的作用，这是毋庸置疑的；但另一方面，一些偶然性事件的影响更大，甚至能够改变个人和国家的发展轨迹。

　　OpenAI 研究员肯尼斯·斯坦利和乔尔·雷曼合著的《为什么伟大不能被计划：对创意、创新和创造的自由探索》一书，以人工智能领域的一个具体案例所产生的启发为缘起，探讨了在实现伟大创新和创意过程中，设定明确目标所产生的误导性和欺骗性，最终可能会产生事与愿违的结果。这本书的中心思想很简单，即对于一些连实现路径都不清楚的目标，设定目标也就没有什么实际意义，反而可能会产生负面影响，但其要传递的信息却对我们的日常生活和工作具有非常重要的启示意义。这本书并不包含什么高深的知识，其本意也不是传授知识，只是向我们介绍一个思维和认知观点，让我们以开放的心态来面对现实世界，或许能获得意想不到的结果。

由图片孵化网站和机器人走出迷宫得到的启发

　　两位作者是计算机和人工智能领域的专家，他们在书中介绍了计算机领域亲身经历的两个故事，对于作者在思维中颠覆关于目标的思考具有非常大的启发意义。

　　一个故事是早期开发的一个图片孵化器网站的经历。所谓图片孵化器就是不同的浏览者可以对感兴趣的图片进行处理，之后的浏览者可以在此基础上继续进行处理，这种对图片的处理都是无目的、自由的，但图片经过多次"繁育"之后得到的结果却很可能出人意料。实际上，最终所得到的图片很可能与繁育过程中的不同代际图片没有一点相似之处。这也导致在图片繁育过程中出现这样一个问题：如果最开始就奔着繁育出某个目标图片而去，并选择与目标图片相似的图形进行不断繁育，那么最终很可能得不到想要的结果。

另外一个故事是如何让机器人走出迷宫。如果将目标设定为让机器人走出迷宫到达特定的终点，那么最终结果并不乐观，在40次实验中只成功了3次。因为受最终目标趋势影响，机器人

> 伟大的目标看上去很吸引人，令人向往，但很多时候我们却并不知道或不完全知道如何实现目标。

"好"的行为应该是越来越接近于终点。诡异的是，在迷宫中，虽然机器人看似走向了终点，但很可能是走进了死胡同。反之，如果只是让机器人探索新奇性行为，即走没有走过的路，反而可能会很快走出迷宫，到达终点。例如，机器人在撞墙之后就不会再试图去犯同样的错误，只会寻找新的路径。在40次实验中，采取这样的做法成功了39次。

伟大目标的误导性

伟大的目标看上去很吸引人，令人向往，但很多时候我们却并不知道或不完全知道如何实现目标。用作者的话说，实现这类目标根本就是未知数，我们不知道从现在的状态到达最终目标的踏脚石究竟在哪里。如果这个时候选择了特定但是错误的路径，也就无法实现伟大的目标，目标的设定也就失去了意义。

设定伟大的目标还存在这样一个问题，即我们会经常检视自己有没有趋近于目标，为了尽快实现目标，我们有可能会采取看上去正确但实际错误的措施，最终导致离目标越来越远。作者在书中指出："成功的衡量标准——用于判断我们是否朝

着正确的方向前进——往往具有欺骗性，因为它阻碍了发掘必不可少的真正的踏脚石。"与其被特定的目标所束缚，不如保持开放的心态，关注新奇事物，因为一个新奇事物会引发一连串的新奇事物，从而产生更多的踏脚石，或许在这个过程中就能产生伟大的创新和发现。

以数学领域的发展为例，许多纯数学的研究人员从未想过要去影响现实世界，他们研究出来的最尖端的理论成果，往往仅仅是纯粹的智力兴趣所致。而且，一些研究成果很可能会被束之高阁很多年。著名数学家哈代曾将数学的实际应用称为数学领域"最枯燥和最初级的部分"，与纯数学的诗意形成了鲜明对比。然而，正是这些数学领域诗意的研究，成了部分伟大创新的踏脚石，支撑了后来物理学、计算机等很多领域的发展。

实际上，很多学术研究领域都存在这种现象，即研究者仅仅是出于完成智力挑战和兴趣而作出了学术贡献，他们并没有"立即改变世界"这样远大的目标。但这些贡献是人类智慧的结晶，或早或晚会成为某些创新和发展的踏脚石，并推动社会向前发展。

那么，我们为什么这么钟情于设定目标呢？作者认为，人们之所以热衷于设定目标并抓着目标紧紧不放，一个重要原因是对于未知情况和风险的恐惧。从经济学的角度来看，多数人都是风险规避型的，所以希望对很多事情要有很好的把控，但风险也是利润的来源。尽管承担一定风险是探索和进步所必然要付出的代价，但大多数人还是希望按照事先制定好的规划和特定的轨道前行，漫无目的、异想天开会让人觉得不靠谱、浪费时间和资源。但真正的矛盾之处也正在于此。

无心插柳或能产生意想不到的结果

在科学研究领域，有数不胜数"踏破铁鞋无觅处，得来全不费功夫"的例子。以微波炉的发明为例，1945 年，美国的雷达工程师珀西·斯宾塞在做实验的过程中，发现装在口袋里的巧克力溶化了，起初还以为是自己体温所致，后来经检查发现，巧克力的溶化是因为雷达装置上的磁控管在起作用。受此启发，斯宾塞制作了世界上第一台简易的微波炉，微波炉由此诞生。有意思的是，由于微波炉诞生于雷达实验，最开始并不叫微波炉，而是被称为"雷达炉"。只不过经历了战争的民众对这个名字较为反感，为了摆脱与战争之间的联系，才改称为"微波炉"。

又如，在莱特兄弟发明飞行器之前，实现飞行是很多人的目标和梦想，也有很多人为此而努力。19世纪美国天文学家、物理学家塞缪尔·皮尔庞特·兰利试图从鸟类飞行中获得启发来研制飞机，但经过多次试验并没有成功。反而是自行车制造商莱特兄弟，以自行车为踏脚石，制造出了最早的飞机。

再如，占用甚至浪费我们大量时间、同时也在工作和生活中发挥较大作用的智能手机也是类似的例子，乔布斯并没有将发明智能手机作为其远大的目标。而且，从本质上来看，智能手机都不能算作苹果公司的原创性创新。因为在苹果发布第一代iPhone之前，制造智能手机的显示屏等部件和技术都已经较为成熟，只不过是苹果抓住了机会，将成熟的部件组装在一起推出了一个划时代的产品。

就如作者在书中所说："创造伟大发明的前提，是所有的先决条件都已经具备。一些伟大的前辈们将它们呈现到我们面前，只需组合和改进，就能形成划时代的发明创造。"而摩托罗拉、诺基亚等传统手机厂商虽然对手机研发投入较多资源，甚至也设定了各种各样的目标，但由于没有把握住智能手机的发展路径，最终在竞争中败下阵来。

改变世界的神奇公式并不存在，或者说伟大的成就并没有成功的脚本，它们往往没有经过周密的计划和明确的安排。

共识的正面与反面意义

与目标密切相关的一个概念是共识。设定了一个大家都认同的目标，也就意味着在方向和目的地上取得了共识。在社会治理和政治行为中，共识是非常重要的，共识是推动工作的前提。如果事事都达不成共识，可想而知我们这个世界会混乱到什么程度。例如，在外交关系中，目标和诉求有很大差别的双方通过互相妥协、寻求共识，逐渐向彼此能够接受的方案靠近，这样才能取得外交成果，解决一些重大问题。

但在科学研究和创新过程中，共识可能是一种障碍。共识就意味着不同的人对某一个观点和方案达成了一致意见，而创新却需要另辟蹊径。很多伟大的创新都是特立独行和标新立异的结果，所以创新和发明需要的是"不合群"。在创新过程中寻求共识将会限制人们沿着有趣的踏脚石前进，最终可能会阻碍创新成果的实现。若人们在探索和创新过程中努力寻求共识，最后结果极有可能是"清汤寡水，无甚滋味"。

《为什么伟大不能被计划：对创意、创新和创造的自由探索》是一本能对我们思维产生冲击的书，让我们重新审视自己思维中的条条框框。作者对我们已经习以为常的设定目标思维提出了挑战，通过丰富的案例来阐释为什么保持开放思维和心态、不被特定目标所禁锢或许能产生事半功倍的效果。需要注意的是，作者也并不是反对所有设定目标的行为，只是对于非常远大的目标要保持警惕，不要被目标所欺骗和误导。🏠

资料来源：《经济观察报》经观书评，原书为《为什么伟大不能被计划：对创意、创新和创造的自由探索》，[美]肯尼斯·斯坦利 乔尔·雷曼/著，彭相珍/译，中译出版社，2023年4月。

本色与信任，有效领导力的核心要素

■ 作者｜约翰·汉尼斯

· 提 要 ·

给出取悦别人的答案，可能会获得一时的愉悦感，但会让组织承受长时间的影响。更好的方式是遵循本色之道：了解工作任务的整体目标和组织的方向，"确信自己的立场是正确的"；勇于面对挑战，"坚定且不动摇"。

无论是在职场还是在生活中，坚守正直通常被视作成年人要面对的最严峻的挑战。但在我看来，或许还有某种比这更艰巨的挑战。

比坚守正直更难的，是每天都能坚守本色，尤其是对于成年人而言，言行诚实和真实不仅仅是对自己，也是对他人、对所在的社区乃至对全社会的责任，即使有的时候坚守本色会让你遭受批评或与人产生冲突。想想那些在人际交往时展现出正直品质的人们，其中究竟有多少人能真正做到坚守本色呢？

努力成就自我

最近，我们看到了"本色领导力"（Authentic Leadership）风潮的兴起。这个词源于哈佛商学院，经常被管理类出版物引用，也是一些商业演说家们的口头禅，由于流传甚广，这个词的意思反而变得越发模糊混乱。

我对于那些迅速被大众传播并且很快就成为被每个人都挂在嘴边的商业理论一直持谨慎态度，通常这些理论会以与当初流行起来时一样的速度快速消失不见。在这些人口中，本色领导力就是用流行词汇堆砌起来的一些建议，例如"要用诚实、谦逊、幽默、开放和坦诚的方式去领导别人"等。毫无疑问，这些也都是优秀的领导者品质，但我所说的本色需要做到更多。

想想那句据传出自苏格拉底的至理名言："获得名誉最好的方式是努力成为你渴望成为的样子。"

这才是一名坚守本色的人要保有的初心——你必须要明确找到你理想中那些美好和真实的品质，然后努力让自己变成这个样子。

前人更好地践行着这些几近被人们遗忘的道理：虽然会受到自然本性的制约，但通过坚持奉献与努力行动，我们可以变成自己想成为的人。在美国历史中，乔治·华盛顿便是最好的榜样。他的自律与对自我成长的要求，是他留给我们的最宝贵的遗赠。他会把一些行为准则抄录下来，并践行始终，例如：要做一个诚实、勇敢、道德高尚的人。乔治·华盛顿最初也并不是这样的人，在他 20 多岁的时候，他总是冲动易怒。但在统帅大陆军（Continental Army），继而成为美国总统之后，他成为自己渴望成为的那个最本色的自己，这一点是他的朋友甚至敌人都公认的。

因此，坚守本色其中一部分就包括：找到你最欣赏的美德，并努力变成这个样子，但在这个过程中要保持谦逊——你可能还不是你想要成为的那个自己。实际上，当你不再保持谦逊，觉得自己已经做到了的时候，生活会将你推向最初的起点。

在我自己的历程中，最为艰难的决定源于两个问题：我的职业发展路径应当是怎样的？在有些难题把我所领导的社群分裂时我该秉持怎样的立场？一旦我决定了自己的立场，如何坚守便成了新的挑战，通常先要厘清我选择立场背后的原则与逻辑。

坚守本色与受人信任实属不易

通常而言，当面对不甚严重的后果和清晰明确的回报时，或者当我们与大多数人的立场一致时，说出真相往往很简单。在这种情况下，站出来大声说出真相是令人愉快的。但说出一些令人不悦的真相，例如与大家分享不幸的事件，提出颇有风险的反对意见，提及令人羞愧的事情，谈及人身伤害或是被主流社会所排斥的事物等，的确非常困难。我们倾向于认为自己哪怕冒着巨大的个人风险也会抵制不道德的行为，会为了捍卫尊严而弃财富如敝屣，或为了不违背自己的原则而宁愿被社会孤立，但我们真的做得到吗？在这类问题上，坚守本色要比单纯地遵循基本的诚信原则困难许多。

即使我们想从更高福祉出发，分享这些令人不悦的真相也会很痛苦，尤其是那些会伤害到我们所关心的人的真相。所以大多数人会极力回避这类坚守本色的"机会"也并不让人意外。但可能会令你感到吃惊的是，即便是硅谷内外以强势闻名的领导者们，也都认为说出真相是十分困难的。史蒂夫·乔布斯大概是个例外，他是我遇到过的唯一一个不太关心自己是否受同事喜爱的人，也因此，他真诚得近乎残忍。但对于我们大多数人而言，被人喜爱是幸福感的重要源泉。

没有人会愿意伤及别人的职业生涯，破坏他人的生活，更不想打击下属的事业心。但当我们遇到诸如要解雇一个对公司有破坏性的员工，或是需要实施必要的裁员行动等问题时，选择逃避可能会无意中导致更大的麻烦。团队的正常运作、士气、组织的可持续发展都会受到影响。

> 了解工作任务的整体目标和组织的方向，'确信自己的立场是正确的'；勇于面对挑战，'坚定且不动摇'。

具有讽刺意味的是，许多商业领袖，自己不愿意去承受解雇员工的情感负担，便雇用专业的"刽子手"（Hatchet Man）来做这类事情，这些人通常以咨询顾问的身份为他们做这些"脏活"。这种做法让管理者和离开的员工都丧失了学习的机会。这样虽然可以获得短暂的解脱，但最终给公司其他员工传递的明确信号却是：这个领导者害怕直面棘手的工作。

有些高管可能会在处理商业事务时因要保持诚信而感到内心挣扎。有些 CEO 无法对别人说"不"，他们希望做个善良、激励人心的老板，会在放到他们办公桌上的任何提案上签字。那么如果对一个员工的梦想说"是"导致整个公司承受了负面影响，又该怎么办呢？你可能也有过优柔寡断的老板，他们总是依据最后跟他汇报的那个员工的观点改变自己的想法。如果员工发现了这一点，很快就会学着成为最后向老板汇报的那个人。

给出取悦别人的答案，可能会获得一时的愉悦感，但会让组织承受长时间的影响。更好的方式是遵循本色之道：了解工作任务的整体目标和组织的方向，"确信自己的立场是正确的"；勇于面对挑战，"坚定且不动摇"。

为什么坚守本色对领导力至关重要

在我从事学校管理工作的早期，曾遭遇过这样一件事。我需要告诉一位同事如果他不做出重大改变，将无法获得终身教职，这件事令我倍感不适。更为复杂的是，这位同事是在我的协助下被招聘到学校工作的，在众多应聘者中，当时的他是一位"超级明星"。对于这份工作，这位教授很有潜力，但也有明显的不足。

虽然预想到这不会是一次轻松的谈话，但我知道我必须要去做。如果我不鼓励他做出改变，整个组织和他个人都会因此受到负面影响，或许都会因此不能达到其原本可以达到的高度。如果我退缩了，那将会给我这位同事造成巨大的伤害。于是，我直言相告。惭愧的是，我必须承认这件事我处理得并没有那么及时，语言表述也不如往常清晰，但我最终还是做到了。

这些年来，我一直选择把坏消息直接告诉当事人，而不是隐瞒起来或者假手他人。这个过程从不令人享受，我也不是每次都能及时妥善处理，也会因此而彻夜难眠。一方面，工作职责要求我们坚守本色，诚实对人；另一方面，我们要有同理心和人道主义关怀，两者之间很难平衡，让人颇多挣扎。但在有些瞬间，你会觉得选择坚守本色是件令人快乐的事，比如，像自己想成为的领导者那样做事，即使这样做会让你感到不舒服。这些经历会帮助我们成为自己理想中的样子，每一次不舒服的经历都会让我们进步。

运营一个大型组织，通常需要与许多不同的群体打交道，每天都会将你卷入各种复杂的情景中，组织中的每个人都有自己的诉求。结果就是，在我担任校长期间，随时随地都要面对不同层面的自己——我实际的性格、希望自己能具备的品格、我的过往经历以及我的职业经验等。人们可能会说，作为一名领导者，需要在一天中扮演多个不同的自我，但是如果一个人希望别人对自己的每一面都有一致的认知，即守信且值得信赖，那么这些不同的自我最终都应当是真实的自我。

为什么用真实的自我与人建立真正的联系非常重要呢？因为总会有一个时刻你需要要求所有人按照你确定的某个目标去做事，这个目标并非对所有人来说都是最理想的或者最适合的，但会让整个组织得到更大的发展。此时如果人们不信任你，就不会追随你。在商业环境中，让自己处在这种窘境是极其糟糕的。试想一下，当你与不同的工作伙伴（教授、职员、学生、校董以及校友等）共事时，他们经常会持有不同的观点，其中还有一些获得终身教职的享有完美的 工作保障的教授，他们会更加无所顾忌地畅所欲言。如果你不能被这些人所信任，作为一名大学校长，你的工作效率会很低，职业生涯也不会长久。

我必须要说，与工作伙伴建立信任关系并不能一蹴而就。在我看来，领导一家庞大复杂的机构就如同跑马拉松，而不同于百米冲刺。你需要有基于长期发展的思考。短视行为会大大降低一名领导者的工作有效性，例如仅仅是因为私人关系就收回解雇某个员工的决定或是批准某项提案。当你勇于直面棘手的决策时，最终就会与工作伙伴建立信任关系。

本色领导力：共同成长与相互理解的历程

我有幸在高中和大学低年级时便从计算机专业中找到了自己的兴趣之所在，并决定在完成学业后成为一名大学教授。我的职业路径从未偏离这个轨道，我也从未后悔自己当初的选择。后来我离开斯坦福大学，把 80% 的精力投入创立美普思公司的事业中，这是一家无晶圆厂半导体（Fabless Semiconductor）公司。即使在那时，我也坚信自己会重返大学。在过去的 40 年间，斯坦福大学是我的全职雇主，也是唯一的雇主。我经常想，在硅谷自己似乎是个异类，通常人们在 20 年的职业生涯中就会换三家或更多家雇主。

在整个职业生涯只服务于一家机构，是否更有助于建立坚守本色的个人声誉呢？或许是吧。当然，多年来对雇主高度忠诚，在等量的时间内与同一群工作伙伴共事，都有助于强化坚守本色的原则。对于有些人而言，学术生活可能令人变得颓废、倦怠。如果你已经有了终身教职，不会被学校解雇，为什么还要付出更多的努力前行？为什么还要接受挑战或做出棘手的决定呢？答案很简单，因为声誉是你最具价值的财富。原地踏步不会有助于提升你的声誉，反而还会将其消磨殆尽。

相对而言，一家快速成长的企业会带给人不同的诱惑，例如投机取巧，追求短期利益，或者打压同侪。毕竟一旦出了偏差，还可以换一家雇主，重新来过。持续变化的环境和升职中的强烈竞争会强化人们对社会规范行为的认知。正因如此，我所认识的许多大企业的CEO，都是开明、诚实且受人尊敬的，这些品质都与本色相关。

有些人可能会凭借其冷酷无情的手段占据企业的高管职位，但企业的董事会和股东们，很少会放权给这些具有破坏性特质的管理者。同样，只有少数的领导者在最初走上领导岗位时就知道自己的领导力风格是怎样的。

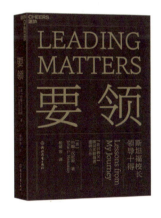

书　　名：《要领：斯坦福校长领导十得》
作　　者：约翰·汉尼斯
译　　者：杨斌 等
出 版 社：浙江教育出版社
出版时间：2020 年 2 月

资料来源：《要领：斯坦福校长领导十得》，浙江教育出版社，领教工坊（ID: ClecChina）摘编发布。

通胀趋势下，如何刷新业务模式

■ 作者｜拉姆·查兰　格里·韦利根

· 提 要 ·

再思考创新，这是必需的；再思考数字化，这也是必需的，即便资源极为有限，也至少要从局部入手，推动数字化。

通胀效应环环紧扣，层层累加，全球消费整体下滑。某些消费习惯将永久改变，某些习以为常的将一去不返。某些领域甚至整个行业将会萎缩，取而代之的是全新的领域。在贵司忙于调整定价、产品供应、成本和现金流时，蓦然抬头，也许现有业务模式已经走到了穷途末路。

要想在消费下降、增长放缓的新兴市场中蓬勃发展，推行新的业务模式就势在必行。等到一切都指向当前业务模式的衰败，才想起来关注这个问题，为时晚矣。扪心自问，贵司最赚钱的市场正在消失吗？所瞄准的新细分市场是否还在，价格是否不变？如果期待市场对贵司的需求恢复到原来的水平，可能在什么时候？贵司真的能熬到那时吗？在此期间会有更吸引人的竞品出现吗？汇总所有观察，分析数据趋势，现在就开始思考如何重塑业务模式。

很多人对于构建新的业务模式像应对通胀一样陌生。过去，不少企业领导人在其漫长的任期中，并不需要考虑改变业务模式，但时代不同了，刷新业务模式已成为必然。

需要牢记的是，即便企业领导人迟迟未觉察到业务模式正在瓦解，资本市场也早就留意到了。停滞不前或持续下降且未来没有转机的盈利情况，无疑会影响估值。与此同时，企业在员工福利和养老等方面的投入，也许还在被迫上涨。当资源日渐稀缺时，再试图谋求改变，恐怕会越发捉襟见肘。

业务模式刷新，要有大局观

当试图从诸如收入来源、客群组合、产品组合、区域布局、成本结构和盈利模式等各要素入手，改变业务模式时，如果恰逢颓势初现、盈利能力骤降，那可真是太麻烦了。

此时，能否正确理解形势，刷新业务模式，并且保持大局观，至关重要。如果只求短期盈利，就会失去客户和未来。在 20 世纪 70 年代通胀肆虐之际，有些饮料及食品企业虽然没有涨价，但悄悄缩小了饮料瓶及糖果棒的尺寸，企图蒙混过关。然而，客户明察秋毫，感觉受到了欺骗，那些公司品牌形象大为受损，业务一蹶不振了好些年。

但话说回来，如果成本上升，还以同样的价格为客户提供同样的产品，企业的盈利能力就会被侵蚀。如果是一家上市公司，投资人就会弃之而去。没有了他们的资金支持，没有了必要的资金投入，产品及业务质量也会下降，公司必将每况愈下。

为了赢得有购买力的客群，创新势在必行。你打算投入多少资金？数字化的确能减少浪费，降低成本，有助于个性化的产品和服务开发，增加收入和现金，还能让创新更便宜高效。但还是同样的问题：你将为之投入多少资金？

对业务模式的刷新，也得持续迭代，直到产品、客户和业务组合能符合盈利要求，为企业创造现金流、创造毛利、支撑关键投资，真正实现良性增长。

思考模式刷新，先从五个维度入手

没有任何商业模式是不变的真理。消费者行为会变，竞争对手的产品和服务也在变，你什么都没做，市场却已悄然被重新定义。准备好重新思考你目前开展业务的领域和方式吧。

1. 客群细分

对现金的需求可能会迫使你放弃支付困难的客户，同时价格上涨可能会赶走一些客户。有没有你还未发现的新客群正在出现？有没有哪些客群需要被重新定义，以更好地理解他们的需求？

2. 产品组合

用新时代的视角审视现有的产品组合。当消费者出手阔绰时，市场上往往会涌现各种版本的产品和服务。产品型号过多，会带来各种不必要的复杂性，不利于生产和现金的高效管理。是时候优化并简化产品线了！

3. 生态构建

生态系统超越了传统的线性产业价值链，还包括关系网络和合作伙伴。苹果公司的生态系统就包括大量应用程序的开发者。构建生态的过程，也是审视过往合作伙伴是否优质的时机——它们是否有稳定的经济能力和竞争力？是否有办法扩展你们的关系以求双赢？你还有其他想与之合作的伙伴吗？不妨通过重新调整生态布局，与更多财务状况更稳健的生态伙伴开展合作。

4. 区域拓展

考虑在哪里销售、生产、采购和搭建团队时，也要对地缘政治和货币汇率有所了解。正如IVL公司掌门人阿加瓦尔所说："在很多国家，都必须为防范汇率风险做好备案。你不能毫无准备，因为你要用现金交易。在当前动荡的市场环境下，像我们这样的企业在许多新兴国家开展业务时，稳健的风险管理（如外汇和信用风险）至关重要。"

> 通过预测这些区域的收益增长及变化，企业可能会更倾向现金增长稳定、可持续的区域。

杜邦公司的拉吉·拉特内卡说："在市场细分时，也应该分区域思考全球布局。例如，印度的通胀率可能保持与过往差不多的水平，但其他一些国家的通胀率可能更低，那么你希望在哪个地方发展更多业务？"

通过预测这些区域的收益增长及变化，企业可能会更倾向现金增长稳定、可持续的区域。观察市场的走向，考虑区域选择的长期定位。

5.业务布局

贵司如果旗下有多元业务组合，或正在考虑兼并、收购或剥离其业务，那么就需要对各业务应对通胀的表现进行重点考察。拉特内卡说："如果你相信你将在未来 10 年进入一个持续高通胀的市场环境，那么你必须围绕这一点做出选择。这将成为你投资工具箱中的一个工具，让你知道该在哪里出手、不该在哪里出手，以及哪些企业你想卖、哪些企业你想买。"

资源配置总是面临取舍。随着资金成本不断上升和持续变化，再加上资金供应紧张，今天的选择和过往就会完全不同。

拉特内卡解释说："在进行并购时，我们会研究市场趋势，哪里更适合长期发展，以及新的选址地在世界宏观局势中会如何演变。当选择在哪里部署资金、在哪里缩减资金时，要看到至少 3 年后的投资组合策略，比如哪些地区更有潜力，哪些类型的业务更有潜力，而且能带来实质性的变革。"

资金成本真的影响很大吗？拉特内卡说："无论采用哪个指标衡量资金成本，如内含报酬率（IRR）、投入资本收益率（ROIC）或净现值（NPV），资金成本肯定都会影响投资决策。当资金成本较低时，增速高的企业估值就高；当资金成本快速上涨时，比如短期涨了两三倍，投资就会更为审慎。如果增速高的企业估值下调与资金成本上涨基本同步，则无须改变投资战略；如果估值不能同步下调，我们则更青睐增速稍慢但现金流更好的企业。"

再思考创新，这是必需的

创新是必需的。无论经济稳定向好，还是通胀、衰退甚至滞胀，为客户提供更好的服务是永无止境的。在成本不断上涨的当下，想要证明更高的价格是合理的，就必须创新。拉特内卡说："如果你只是不断涨价而产品在原地踏步，那么到了一定阶段，你就会被客户抛弃，或是被对手超越。"

创新项目可能有很多，这时就必须筛选，以创造现金为先决条件，决定哪些最为重要。优先可以快速执行的项目，实现短期收益。在筹划项目消耗现金及预计创造现金的时点时，要实事求是。对于长期项目也是如此。选择在新的经济环境下仍能成功的项目，并坚决投入。

更高的资金成本和现金压力增加了决策风险，因此决策应从多维度出发。比如，事关新产品或新功能的研发决策，销售和营销团队即便没有决策权，也应参与提出意见，把市场及客户的相关信息带给研发团队，作为重要的决策参考。当然，客户也可以成为很好的合作伙伴，应该在他们看重的功能或设计升级中提供指引。

再思考数字化，这也是必需的

通胀之下，各方面资源消耗增加，但数字化可以扭转不利局面。即便资源极为有限，也至少要从局部入手，推动数字化。也许你会觉得：都什么时候了，哪能投入这么多资源来搞数字化！但这么想是不对的。

第一，数字化并不必然是耗资巨大的"十年磨一剑"项目。许多程序是现成的，获得成本较低，并且几个月内就能实施，而不是想象中的几年。一个独立的短期项目就可以解决业务的关键痛点，从而推动企业安然度过通胀或衰退期。它可以减少现金消耗，增加收入，提高利润率，为下一次改进提供资金。

第二，数字化能大大提升你的竞争力，并将颠覆业务模式。亚马逊、奈飞和脸书等公司都告诉我们，产品或服务越数字化，毛利率越高。这就是收益边际效应，也就是说，当大部分产品或服务（如软件和视频流媒体服务）数字化时，每增加一个单位所需的销售成本将非常小，甚至接近于零。毛利率将呈指数级增长，带来源源不断的现金，仿佛一台印钞机。更重要的是，数字技术能为消费者个人提供个性化的推荐和产品，使客户价值与股东价值同步增长。

第三，算法能在微观层面细分市场，更准确地预测需求；通过实时汇总及分析信息，助你更快做出反应。

拉特内卡说："从低通胀进入高通胀，环境迅速变化。过去，一名分析师花三四天把数据整理成一份漂亮的报告，就能让我们很满意。但现在，我们必须更频繁地查看数据，不可能再依靠人力处理。因此，我们在数字化工具上投入了大量资金，这些工具可以动态展示当前的运营指标，如原材料和运费的当天或实时价格。所有经营决策都将基于这些数据信息制定。"

数字化还能帮助农业企业降低需求误判，避免生产浪费；帮助科技公司加速创新，更快变现；帮助银行精确挖掘潜力，发掘新客户。这些举措都能帮助企业降低成本，节约现金。

相比上市企业，家族企业或私募基金投资的非上市企业对收入的暂时下降不那么敏感，更有可能在当前的宏观环境中借势超越，实现领先。它们可以保持价格不变，加强客户对它们的信任，并在创新和数字化项目上持续投资。它们的选择对其他企业也有启发，即管好成本、做好定价以及投入数字化，并让投资人了解，你正在成本上升的情况下努力维持稳健运营，构建持久的股东价值。

资料来源：摘编自《破局：企业如何应对通胀、衰退与滞胀，实现持续增长》，拉姆·查兰著，杨懿梅、李元译，中信出版社，2023 年 7 月。

书　　名：《破局：企业如何应对通胀、衰退与滞胀，实现持续增长》
作　　者：拉姆·查兰
译　　者：杨懿梅、李元
出 版 社：中信出版社
出版时间：2023 年 7 月

◇ 从"能人""牛人"到能带队伍打胜仗的将军
◇ 将干部能力组织化

夏惊鸣金牌训战课程
基于打胜仗的领导力

企业发展过程中一个关键瓶颈是缺乏"能打胜仗"的将军——

◇ 很多业务能手被选拔到管理岗位上，却被发现他们一个人做业务时成效显著，但带团队"打胜仗"就不行，**为什么？**

◇ 不少管理者，经过很多管理培训，说起理论来头头是道，但真正"打起仗"来却不行，**为什么？**

◇ 不少团队存在"忙的忙死，闲的闲死"的现象，团队没有活力、没有战斗力，**为什么？**

◇ 团队内讧，人才流失严重，业绩总是上不去，**为什么？**

主讲人：夏惊鸣

华夏基石集团副总裁，华夏基石双子星管理咨询公司联合创始人，联席CEO，首席训战导师。

如何将能力突出的个人变成能带团队"打胜仗"的领导？背后的真正规律是什么？

夏惊鸣老师基于多年咨询观察实践，总结出提升领导力的五大构件，帮助认清领导力的真规律，并更具可操作性，从而快速提升领导力，带领团队打胜仗。

基于打胜仗的领导力

训战要点

围绕打胜仗领导力的五大构件进行讲解和训练——

①业务能力　　②目标管理能力　　③敢于管理　　④不自私　　⑤"赢"的核心素质

▶ 业务能力是领导力的基础：业务能力不行，就没有办法做出有效的判断和决策，而判断和决策是领导的核心职责。将业务能手提拔到管理岗位，这与业务能力是领导力的基础是否矛盾？如何认知？

▶ 目标管理的关键在于"打什么仗""赢的逻辑"和"弄清战况"这三方面。业务能力决定了目标管理的内容是否正确，目标管理能力是将个人的业务能力转化为团队业务能力。

通过目标管理的训练（包含了业务能力的训练），提升"打胜仗"的思考能力，并帮助学员想清楚现实中要"打什么仗""如何打胜仗"等。

▶ 敢于管理就是"奖优罚劣""惩恶扬善"，就是要做好评价管理和文化管理。

▶ 不自私就是全局中显格局和"为了团队做成事，为了下属成长"两大初衷。有了格局和两大初衷，就有了敢于管理的心力。

通过训练"评价管理"和"文化管理"（结合了不自私），落实"追求整体胜利、较为公平、培养下属"，敢于管理。